J. Blank

Jesus von Nazareth

theologisches seminar

Josef Blank

Jesus von Nazareth

Geschichte und Relevanz

Herder

Freiburg · Basel · Wien

Herder Druck Freiburg im Breisgau 1972
ISBN 3-451-16433-7

Vorwort

Die Abhandlungen, die in diesem Band zusammengestellt sind, haben einen gemeinsamen Hintergrund in der heute viel diskutierten „Frage nach dem historischen Jesus". Deren Bedeutung wird in der gegenwärtigen exegetischen Diskussion verschieden beurteilt. Manche Exegeten – es kommt dabei weniger auf Namen als auf Meinungen an – halten es nicht nur für aussichtslos, sondern auch für theologisch nicht legitim, diese Frage zu stellen. Sie meinen, damit würde ein „fünftes Evangelium" hinter den vier kanonischen Evangelien postuliert, ein „Kanon im Kanon" gesucht, und damit würde die Geltung des bestehenden neutestamentlichen Kanons außer Kraft gesetzt. Demgegenüber ist darauf hinzuweisen, daß nicht nur die historisch-exegetischen Methoden in ihrer Verzweigung als Form-, Traditions- und Redaktionsgeschichte mit einer inneren Notwendigkeit auf die Frage nach dem „historischen Jesus" führen, sondern daß es darüber hinaus ein theologisch authentisches Anliegen ist, über die historischen Voraussetzungen des christlichen Glaubens zuverlässige Auskunft zu gewinnen. Gewiß, solche Auskunft hat ihre in der Sache selbst gelegene Grenzen, die teils durch die Begrenztheit des in den Quellen tradierten Materials bedingt sind, teils durch die Eigenart dieses Materials. Doch ist schon dies ein Gewinn, wenn diese Grenzen aufgedeckt und reflektiert werden, weil eben dadurch auch die Eigenart der Jesus-Überlieferung der Evangelien genauer erfaßt werden kann. Hinzu kommt, daß die Urkirche, besonders in den Traditionsströmen, die durch das Markusevangelium und die Logienquelle bezeugt sind, aber nicht nur dort, an einer Sammlung und Weitergabe authentischer

Jesus-Überlieferung interessiert war. Der Rückverweis auf die Person Jesu selbst ist ein inneres, sachlich bedeutsames Kriterium des urkirchlichen Traditionsverständnisses; urkirchliche Tradition weiß sich legitimiert durch die Herkunft von Jesus, dem Irdischen wie dem Erhöhten; der lebendige Herr ist selbst die dem Schriftkanon vorausliegende Autorität. Die Schwierigkeit, daß mit dem Überlieferungsprozeß der Urkirche auch die Auseinandersetzung mit dieser Überlieferung, ihre Interpretation und Anpassung an neue Situationen wie an neues Verstehen verbunden ist, und im Endergebnis das Überlieferte mit der Überlieferung verschmolz bildet keinen durchschlagenden Einwand gegen den Versuch, gerade diesem Prozeß genauer auf die Spur zu kommen.

Ein besonderes Anliegen der vorliegenden Arbeiten ist das der Vermittlung exegetischer Einsichten an weitere Kreise. Darum wurde weitgehend auf das Zitieren von Fachliteratur verzichtet. Daß die Ausführungen nur auf dem breiten Hintergrund der gegenwärtigen Exegese denkbar sind, ist völlig klar. Die Fachkollegen werden das ohnehin bemerken, und dem Nichtspezialisten würden die Fußnoten nicht viel bedeuten. Eine persönliche Vorliebe für das literarische Genus des „theologischen Essays" kommt durchaus hinzu; es bietet in der augenblicklichen Situation manche Vorteile. Darüber hinaus erscheint es mir in der gegenwärtigen Situation von Christentum und Kirche dringend geboten, eine breitere Öffentlichkeit an der theologischen Arbeit teilnehmen zu lassen, und zwar auch dort, wo es um schwierige Fragen geht und die Diskussion noch zu keinem endgültig gesicherten Ergebnis gekommen ist. Zur Mündigkeit des Menschen von heute, zumal des am Glauben interessierten Menschen, gehört nun einmal ein gewisser Umfang an wissenschaftlich fundierter Information. Die Zeiten, in denen theologisch schwierige Fragen nur im Kreise der Eingeweihten, und auch dort oft nur mit vorgehaltener Hand, diskutiert werden konnten, sind vorbei. Angst vor solcher Information ist von der Sache her völlig unbegründet; ihre Einschränkung würde gerade dem Glauben nicht förderlich sein, sondern ihn zur Angelegenheit von Hinterweltlern degradieren. Glaube, der sich der heutigen Gesellschaft gegenüber soll verantworten können, muß sich auch den heutigen Fragestellungen öffnen. Das gilt ganz besonders einem so wichtigen Problem gegenüber, wie es die Frage nach der Person Jesu darstellt. Die Frage, was man von Jesus hält und was er für uns bedeutet, muß immer neu in Angriff genommen und immer neu beantwortet werden.

Diese Antwort sind wir ganz besonders der jungen heranwachsenden Generation schuldig. Gerade sie bedarf einer redlichen und ernsthaften Auskunft, mit der sie etwas anfangen kann. Hier muß die Theologie sich angewöhnen, nicht nur an die Tradition der Vergangenheit, sondern noch mehr an die Zukunft des Glaubens zu denken. Dieser Gesichtspunkt wird heute oft sehr vermißt. Darum möchten diese Arbeiten ganz besonders denen eine Hilfe bieten, die mit der schwierigen Arbeit der Glaubensvermittlung befaßt sind, sei es in der Schule, in der Erwachsenenbildung und nicht zuletzt in der regelmäßigen Verkündigung im Gottesdienst. Sie möchten ihnen Mut machen zu einem Weg, auf dem heute mehr Fragen anstehen, als griffige Antworten zur Verfügung sind. Vielleicht hat gerade gegenüber der Person Jesu, erst recht wenn in ihrem Umkreis das Geheimnis Gottes anwesend sein soll, das behutsame Sichheranfragen größere Bedeutung als die Sicherheit vorgeprägter Antworten, mit denen man sich meist schnell von der Sache dispensiert. Den solcherart Mitfragenden sind diese Beiträge vor allem zugedacht.

Saarbrücken im Juni 1972 *Josef Blank*

Inhalt

A. Der Christus des Glaubens und der historische Jesus

„Und Christus?“ Kafka neigte den Kopf. „Das ist ein lichterfüllter Abgrund. Man muß die Augen schließen, um nicht abzustürzen.“ So berichtet G. Janouch in seinem Buch „Gespräche mit Kafka“. Es dürfte nicht schwierig sein, zahllose ähnlich lautende Äußerungen aus der Geschichte des Christusglaubens anzuführen.

In der Geschichte der abendländischen Menschheit hat keine Erscheinung solche Macht über die Herzen der Menschen ausgeübt wie dieser Christus Jesus, den man als Menschen kennenlernte und in dessen Gegenwart man doch übermenschliche, göttliche Wirklichkeit erfuhr. Das Dogma „Jesus Christus, wahrer Mensch und wahrer Gott“, für die Vernunft ein Paradox, weil es zwei Größen als Einheit bezeichnet, die in ihrer je eigenen Qualität unendlich voneinander verschieden sind, hätte kaum solche Anerkennung gefunden, wenn es nicht einer urmenschlichen Sehnsucht entgegengekommen wäre.

„Auf die Hirten und die Engel.

Nur einen Chor, ein Lied von Menschen und Engeln vernehm' ich. Fragst du weswegen? Weil Eins Mensch ist geworden und Gott.“[1]

Im Konkurrenzkampf der antiken Religionen zur Zeit des Römischen Imperiums brachte das Christentum mit dem Evangelium von Jesus Christus einen Glauben, der dem Bedürfnis nach kon-

[1] Anthologia Graeca I, 39.

kreter Anschauung ebensosehr entgegenkam, wie er, besonders durch die Hereinnahme des Logos-Begriffes ins Johannesevangelium, die höchsten geistigen Interessen befriedigen konnte. Der Gottessohn Jesus Christus hatte menschliche Züge, in denen sich hilfreiche Güte mit göttlicher Erhabenheit einte. Er hatte sogar die Tiefen menschlichen Elends und Leidens durchmessen und durch seinen Tod am Kreuz und seine Auferstehung die Macht des Todes besiegt. Die Sonne der Gerechtigkeit feierte in ihm ihren Triumph über alle Finsternis und Niedertracht auf Erden. Die einfachen Erzählungen der Evangelien vermochten es, die Liebe zu diesem Christus zu wecken, obwohl man ihm nie persönlich begegnet war.

„Ihn liebt ihr, obgleich ihr ihn nicht gesehen habt; an ihn glaubt ihr, obgleich ihr ihn jetzt nicht seht, und ihm jubelt ihr mit unaussprechlicher und strahlender Freude entgegen, weil ihr das Endziel eures Glaubens erlangen werdet, nämlich eure endgültige Rettung" (1 Petr 1,8–9). Mit diesen Worten rührt der Verfasser des ersten Petrusbriefes an das letzte Rätsel und Geheimnis des christlichen Glaubens und seiner Geschichte. Es liegt in der Anziehungskraft, die von Jesus Christus ausgeht, obwohl er, banal ausgedrückt, doch schon fast zweitausend Jahre tot ist.

Was Christus für den Glauben und für das menschliche Leben bedeutet, läßt sich statistisch und mit wissenschaftlichen Methoden niemals zureichend erfassen. Zu erfassen sind nur die Wirkungen des Glaubens, soweit sie nach außen getreten sind, sich in den Zeugnissen dieses Glaubens, in den Worten und Werken niedergeschlagen haben. Soweit wir diese Äußerungen verfolgen können, zeigen sie uns eine große Vielfalt, wie der Christusglaube in den verschiedenen Zeiten, Völkern und Kulturen aufgenommen und je nach Bedürfnis und Verständnis abgewandelt wurde. Der lebendige Glaube an Jesus Christus war ja niemals nur eine passive Rezeption von Dogmen und „ewigen Wahrheiten", sondern er führte stets zu einer produktiven Auseinandersetzung, zur schöpferischen Ausgestaltung; man gab mit allen Mitteln der Sprache, des Denkens, des praktischen Lebens und der Kunst, die zur Verfügung standen, eine Antwort auf das, was durch Christus die Menschen ansprach. Trotzdem gehört der Glaube mehr der inneren Geschichte der Menschheit an, die sich zwar in all den äußeren Zeugnissen bekundet, aber darin nicht aufgeht. Es gibt neben der lauten „Oberflächen-Geschichte", die vielen als die einzig wirkliche und interessante Geschichte gilt, aber auch die „Tiefen-Geschichte" des verborgenen Lebens, der Mystik und der verborgenen Liebe zwischen den Menschen, von der kaum zu ermessen ist, wieviel sie zum Bestand der Welt beiträgt; man merkt es vielleicht, wenn sie da und dort einmal ausfällt. Die Herrschaft Christi spielt sich hauptsächlich in der Tiefen-Geschichte ab, wo es in einer von keiner Kontrollinstanz zu erreichenden Dimension um das innerste Glauben, Hoffen und Lieben der Menschen geht. Man sollte von Zeit zu Zeit auch daran denken.

Wenn in den folgenden Abschnitten hauptsächlich vom „historischen Jesus" die Rede ist im Unterschied zum „Christus des Glaubens", so deshalb, weil Jesus von Nazareth, den der Glaube als Christus, das heißt als den von Gott gesandten und beglaubigten Messias, Gottessohn und Heiland, bekennt, nun doch ein wirklicher Mensch in unserer Welt und Geschichte war. Es geht also nicht darum, den „historischen Jesus" und den „Christus des Glaubens" voneinander zu trennen, so als wären sie zwei verschiedene Größen, die nichts miteinander zu tun hätten. Doch hat es sich im Laufe unserer jüngsten Geistesgeschichte so ergeben, daß für uns heute die menschliche Person Jesu, wie sie einer geschichtlichen Fragestellung zugänglich ist, von äußerstem Interesse ist. Es ist hier nicht möglich, die Gründe anzugeben, die zu dieser Fragestellung geführt haben. Entscheidend dürfte mitgespielt haben, daß mit dem neuzeitlichen wissenschaftlichen Denken und mit der Entwicklung des historischen Bewußtseins das gesamte menschliche Wirklichkeitsverständnis sich verändert hat. Dies hat auch Folgen für den Glauben und für das religiöse Verhalten. Die Frage nach Gott hat für uns nur Bedeutung, soweit sie als eine bedeutsame menschliche Frage uns angeht. Von daher wird der Mensch Jesus für uns ebenfalls neu zur Frage, weil er der

Mensch ist, der nach dem Zeugnis der christlichen Tradition aus eigener lebendiger Erfahrung etwas Entscheidendes über Gott zu sagen wußte.

Das Bild, das wir mit den modernen wissenschaftlichen Methoden von dem Menschen Jesus gewinnen können, wird sich in manchen Zügen von dem traditionell gewohnten Christusbild unterscheiden. Aber dafür könnte uns dieses Bild näher an die Wirklichkeit unseres eigenen Lebens heranführen, wo die Dinge des Glaubens für uns selber Bedeutung gewinnen.

I. Quellen und Methoden

Woher wissen wir etwas über Jesus von Nazareth? Die gewöhnliche, unmittelbare Quelle unseres Wissens über Jesus wird die Begegnung mit Menschen sein, die an Jesus glauben, die Kirche, zu der wir gehören, oder die zahllosen Zeugnisse christlicher Tradition, auf die wir in unserer Umwelt stoßen. Am Anfang der christlichen Überlieferung stehen die Schriften des Neuen Testaments, deren ältesten Bestand die Briefe des Apostels Paulus bilden, dann vor allem die vier Evangelien nach Matthäus, Markus, Lukas und Johannes. Sie sind in der Tat die wichtigste und nahezu ausschließliche Quelle für unser Wissen von Jesus. Außerchristliche Zeugnisse über Jesus gibt es fast keine. Diejenigen, die später dazukamen, etwa in Gestalt apokrypher Evangelien, sind historisch wertlos.

Was die nichtchristlichen Quellen angeht, so läßt sich die Sache kurz machen. Die heidnische Gesellschaft nahm vom Christentum erst Notiz, als die Christengemeinden als besondere Gruppen stärker in Erscheinung traten, zum Beispiel als bei dem Brand von Rom unter Kaiser Nero (64 n. Chr.) der Kaiser den auf ihm lastenden Verdacht, selber die Stadt angezündet zu haben, auf die Christen abwälzte. *Tacitus,* der darüber in seinen Annalen berichtet (Ann. XV, 44), erklärt dabei auch den Namen „Christen“ und sagt: „Der Stifter dieser Sekte, Christus, ist unter der Regierung des Tiberius durch den Prokurator Pontius Pilatus hingerichtet worden." Damit ist zwar ein wichtiges Datum der Geschichte Jesu in Übereinstimmung mit dem Neuen Testament genannt, aber als Quelle reicht dies bei weitem nicht aus. Aus den übrigen Zeugnissen bei *Sueton* oder dem jüngeren *Plinius* erfahren wir über Jesus auch nicht viel mehr; nicht einmal der jüdische Historiker dieser Zeit, *Josephus Flavius,* berichtet ausführlich darüber, obwohl er sonst wertvolle Nachrichten über die jüdischen Verhältnisse zur Zeit Jesu mitzuteilen hat, auch über Johannes den Täufer[2]. Auch der Talmud verfügt über keine selbständigen Nachrichten über Jesus. Was er bringt, ist meist polemisch gefärbt; Jesus erscheint als Zauberer und Abfallprediger. Daß die Nachrichten so spärlich sind, ist nicht verwunderlich. In der großen Welt bestand kein Interesse an der neuen jüdischen Sekte, als die das Christentum begann, oder an deren Stifter. Immerhin sind die wenigen Nachrichten wertvoll, da sie die historische Existenz Jesu bestätigen und das rasche Anwachsen der Gemeinden bezeugen.

Wir sind also im wesentlichen auf die urchristlichen Quellen angewiesen, und da auch die Paulusbriefe nur ganz wenig über den historischen Jesus berichten, bleiben in der Hauptsache die vier kanonischen Evangelien übrig. Von diesen kommen wieder vorwiegend die drei Synoptiker (Matthäus, Markus und Lukas) in Betracht. Bei diesen drei wegen der weitgehenden Übereinstimmung in Textauswahl, Stoffanordnung und Wortlaut synoptisch (= Zusammenschau) genannten Evangelien werden wir im folgenden bei der Zitierung einer Stelle durch die Abkürzung par = Parallelstelle auf solche Übereinstimmungen mit den nicht erwähnten Evangelien hinweisen. Das Johannesevangelium nimmt wegen seiner besonderen theologischen und literarischen Eigenart eine Sonderstellung ein. Wie sind diese Quellen zu beurteilen, was geben sie her? Die wissenschaftliche Exegese des Neuen Testaments hat in den vergangenen zweihundert Jahren eine Reihe

[2] Jüdische Altertümer XVIII, 116–119.

von Einsichten gewonnen, über die hier wenigstens in den Grundzügen informiert werden soll.

Die Evangelien sind ihrer spezifischen Absicht nach keine historischen Werke über Jesus; sie wollen keine Jesus-Biographie liefern. Schon der Begriff „Evangelium" (= frohe Botschaft, Heilsbotschaft) ist aufschlußreich. In der Urkirche hat man mit dem Wort Evangelium ursprünglich nicht ein literarisches Werk, eine Evangelienschrift, bezeichnet, sondern die Botschaft von Jesus Christus, dem Gekreuzigten und Auferstandenen, dem Gottessohn und Herrn, in welchem Gott sein Heilswerk vollbracht hatte, als Botschaft, die mündlich proklamiert wurde. Wenn Paulus in seinen Briefen vom Evangelium spricht, dann denkt er stets an die Botschaft und ihre Verkündigung.

Evangelium ist also ursprünglich ein unliterarischer Begriff. Erst nachträglich wurde er zur Bezeichnung einer Evangelienschrift verwendet, einer völlig neuen, original christlichen literarischen Gattung, die es vorher nicht gegeben hatte. Der erste, der eine Evangelienschrift verfaßte und so die neue Gattung schuf, war der Evangelist Markus. Wenn er seinem Werk die Bezeichnung „Evangelium" verlieh: „Anfang des Evangeliums Jesu Christi, des Sohnes Gottes" (Mk 1,1), so brachte er damit auch zum Ausdruck, welchen Zweck er dabei verfolgte, nämlich die Glaubensbotschaft von Jesus Christus schriftlich zu fixieren und weiterzugeben.

Die beherrschende Tendenz der Evangelien ist die Verkündigung des christlichen Glaubens; sie wollen den Glauben an Jesus Christus wecken und vertiefen, zur Jüngerschaft auffordern, anleiten zu einem Leben im Geiste Jesu. An Jesus interessiert sie nicht primär das historische Detail, wie er etwa ausgesehen hat, sondern was er für den Glauben bedeutet. Sie sind also zunächst einmal *Quellen für den Christusglauben der Urkirche.* Dazu gehört, daß sie die irdische Geschichte Jesu zwar als solche voraussetzen, aber sie zeichnen diese Geschichte aus der Perspektive des nachösterlichen Christusglaubens, was zu einem merkwürdigen Geflecht von historischer Überlieferung und gläubiger Deutung führt, wobei die Deutung sich oft in das Gewand der Historie kleidet. Es ist also falsch, die Berichte der Evangelien unbesehen für historisch richtig zu halten; denn so verkennt man ihre Eigenart und ihre Absicht. Vielmehr muß man sich das Ineinandergreifen von Tradition und Interpretation klarmachen, wenn man sie recht verstehen will.

Die schriftlichen Evangelien sind das Endergebnis eines langen Weges. Dies hat vor allem die „formgeschichtliche Methode" ergeben. Die Synoptikerexegese arbeitet heute weitgehend mit der „Zwei-Quellen-Theorie". Sie geht davon aus, daß Markus und nicht, wie die altkirchliche Tradition annahm, Matthäus das älteste Evangelium ist, das wohl kurz vor 70. n. Chr. entstand (Markus-Priorität). Matthäus und Lukas lag bereits das schriftliche Markusevangelium vor und diente ihnen als literarische Quelle. Die zweite Quelle, die von Matthäus und Lukas benützt wurde, ist eine Sammlung von Jesus-Worten (Logien). Man bezeichnet sie gewöhnlich als die Logien-Quelle und gebraucht dafür das Zeichen „Q" (= Quelle). Außerdem findet sich bei allen Evangelisten das „Sondergut", Texte, die jeweils nur bei einem Evangelisten vorkommen. Die Zwei-Quellen-Theorie hat sich als praktische Arbeitsgrundlage bewährt.

Die formgeschichtliche Methode ergab sich aus der genaueren Textanalyse. Diese zeigt, daß im Markusevangelium eine ganze Reihe von Einzelgeschichten, „Perikopen", zusammengestellt ist, deren jede eine besondere Einheit für sich bildet; ähnliches gilt für die einzelnen Jesus-Worte in der Sammlung Q. Daraus schloß man, daß die Evangelien Sammelwerke sind, in denen die ursprünglich selbständigen Einzelgeschichten und Einzellogien zusammengefaßt, nach bestimmten Gesichtspunkten geordnet und durch einen vom Evangelisten verfaßten „Rahmen" zu einer fortlaufenden Erzählung gestaltet wurden. Markus entnahm die Einzelgeschichten der mündlichen Tradition der Urkirche; dort hatten sie vorher gelebt, dort waren sie auch teilweise entstanden.

Bei den Jesus-Worten, auch bei den Gleichniserzählungen, besteht eine größere Wahrscheinlichkeit, daß sie auf Jesus selbst zurückgehen. In umgekehrter Reihenfolge ergibt sich dann folgendes genetisches Bild. Der Ursprung der mündlichen Überlieferung liegt beim irdischen Jesus. Jesus selbst hatte nichts schriftlich hinterlassen, seine Wirksamkeit erfolgte durch „Wort und Tat". Die Jünger Jesu hielten seine Worte fest und gaben sie nach Ostern durch mündliche Rede weiter. Man darf sich diese Weitergabe natürlich nicht so vorstellen, als hätte man die Jesus-Worte wie auf Tonband konserviert; es handelt sich um einen lebendigen Überlieferungsprozeß, der Erweiterungen, Sinnverschiebungen, auch Neubildungen nicht ausschließt. Von einem gewissen Zeitpunkt an, der sich nicht genau datieren läßt, empfand man das Bedürfnis, die Herrenworte (Q) und die Jesus-Geschichten zu sammeln und schriftlich festzuhalten.

Ein besonderer Komplex, der wohl schon relativ früh als Erzählungseinheit konzipiert wurde, ist die Passionsgeschichte, die in allen Überlieferungen, auch bei Johannes, eine große Übereinstimmung aufweist. Bei der Evangelienbildung kam es den Evangelisten nicht bloß darauf an, die Jesus-Überlieferung treu zu fixieren, sie verfolgten außerdem noch den Zweck, die Gemeinden, für die sie ihre Werke verfaßten, im Glauben zu unterweisen, sie hatten also selbst eine theologische Absicht, eine eigenständige Konzeption. Matthäus, Markus, Lukas und Johannes sind Schriftstellerpersönlichkeiten mit einem ausgeprägten theologischen Profil, die auch ihre eigenen Überzeugungen und Gedanken in ihren Schriften zum Ausdruck bringen.

Zweifellos folgt aus dieser Sicht der Evangelienbildung eine Revision der traditionellen Auffassung von der Rolle der Evangelisten. Wohl keiner von ihnen war ein „Apostel" und Jünger des irdischen Jesus. Als sie mit ihrer Arbeit begannen, stand die älteste Jüngergeneration im Begriff, von der historischen Bühne abzutreten. Sie sind allerdings Zeugen der apostolischen Überlieferung, die sie bewahren und weitergeben wollen.

Legt man diese Erkenntnisse von der literarischen Eigenart und der Entstehung der Evangelien einmal zugrunde, ergibt sich für die Frage nach dem „historischen Jesus" eine ganze Reihe von

Schwierigkeiten. Auf dem Weg zwischen dem Ursprung bei Jesus und der schriftlichen Fixierung durch die Evangelisten war die Überlieferung mancherlei Einflüssen und Veränderungen ausgesetzt. Man muß immerhin mit einem Prozeß von ca. 40–50 Jahren rechnen. Will man zum „historischen Jesus“ vor Ostern durchdringen, dann muß man die gesamte evangelische Überlieferung einer historischen Rückfrage unterziehen, das heißt, man muß unter möglichster Ausschaltung der theologischen Interpretation der Evangelisten und der überliefernden Gemeinde zum ältesten Überlieferungsbestand vorzudringen suchen.

Die Arbeit des Exegeten läßt sich mit der eines Kunstrestaurators vergleichen, der ein Fresko freizulegen sucht, über dem verschiedene Farbschichten aufgetragen wurden; sie ist entsprechend minutiös. Der Laie, der die Verfahrensweisen nicht kennt, ist schnell geneigt, dieser Arbeit zu mißtrauen, vor allem wenn das Ergebnis seinen geläufigen Vorstellungen von Jesus widerspricht. Wenn diese Arbeit auch mühsam ist, so ist sie doch nicht umsonst.

Man darf generell davon ausgehen, daß die Jesus-Überlieferung der Urkirche relativ zuverlässig ist, was vor allem für die Wortüberlieferung gilt. Die Berichte von Taten Jesu waren der deutenden Ausgestaltung in der Tradition stärker ausgesetzt. Die historische Brauchbarkeit ist von Fall zu Fall zu überprüfen; aber oft ergänzen die Überlieferungen sich gegenseitig und ermöglichen so eine begründete historische Erkenntnis. Hinzu kommt der Vergleich mit der zeitgenössischen jüdischen Literatur, insbesondere der jüdischen Apokalyptik und Eschatologie, sowie der rabbinischen Tradition. Auf diesem Hintergrund zeigt sich einmal, wie sehr Jesus in jüdischer Tradition und in der Problematik seiner Zeit beheimatet ist, aber auch das für Jesus Eigentümliche läßt sich durch solche Vergleiche schärfer erfassen, und auf dieses Besondere kommt es für unsere Frage an.

II. Die historischen Grundlagen

„Im fünfzehnten Regierungsjahr des Kaisers Tiberius, als Pontius Pilatus Statthalter von Judäa war und Herodes Vierfürst von Galiläa, sein Bruder Philippus Vierfürst von Ituräa und der Landschaft Trachonitis und Lysanias Vierfürst von Abilene, zur Zeit der Hohenpriester Annas und Kaiphas, da erging das Wort Gottes an Johannes, den Sohn des Zacharias, in der Wüste“ (Lk 3,1–2).

Diese chronologische Angabe des Evangelisten Lukas, der damit sein historisches Interesse bekundet, ist die einzige exakte und einigermaßen brauchbare Zeitangabe, die wir in den Evangelien finden. Auch wenn ihr manche Unsicherheiten anhaften, so gibt sie doch die Möglichkeit an die Hand, das Auftreten Johannes' des Täufers und im Anschluß daran das Wirken Jesu ungefähr chronologisch richtig einzuordnen. Da das „fünfzehnte Regierungsjahr des Kaisers Tiberius“ wahrscheinlich doch vom Beginn seiner Alleinherrschaft an nach dem Tode des Augustus im Jahre 14 n. Chr. zu rechnen ist, käme man damit in das Jahr 28/29 n. Chr. (oder 27/28). Danach hätte Johannes mit seiner Predigt und Tauftätigkeit etwa Ende 27 begonnen, und Jesus wäre ungefähr ein Jahr später öffentlich aufgetreten.

1. Der zeitgeschichtliche Hintergrund im Judentum

Die Zeitangabe wird durch eine Reihe von Synchronismen ergänzt, die im ganzen korrekt sind und ein Streiflicht auf die politischen und religiösen Verhältnisse in Palästina zur Zeit Jesu werfen. Diese Verhältnisse waren grundlegend dadurch bestimmt, daß nach dem Tode Herodes' des Großen im Jahre 4 v. Chr. eine beträchtliche innenpolitische Unruhe entstanden war. Herodes der Große, dessen Bild im Neuen Testament durch die Geschichte von den Magiern aus dem Osten und vom bethlehemitischen Kindermord (Mt 2) ziemlich verdüstert ist, war ohne Zweifel ein bedeutender Herrscher. Im Jahre 63 v. Chr. hatte Pompeius Jerusalem erobert und Judäa der römischen Herrschaft unterworfen. Für die Ausübung der politischen Macht stützten die Römer sich auf den Idumäer Antipater, den Vater des Herodes, und nach einem Zwischenspiel nach dessen Tod (43 v. Chr.) auf Herodes selbst. Dieser wurde im Jahre 40 vom römischen Senat zum König von Judäa ernannt, konnte aber seine Herrschaft erst drei Jahre später antreten. Er regierte 37–4 v. Chr. Seine Politik war gekennzeichnet durch eine unbedingte Treue gegenüber Rom, für das ein zuverlässiger Mann an der Ostgrenze des Imperiums ein unschätzbarer Gewinn war. Dafür konnte er in seinem Gebiet, das außer Judäa noch den Küstenstreifen, Samaria, Galiläa und ostjordanische Teile umfaßte, unangefochten regieren. Seine Herrschaftsmethoden waren oft grausam, der politische Mord wurde, wenn es darauf ankam, bedenkenlos praktiziert. Aber Herodes hatte die Herrschaft fest in der Hand. Auch wenn er als Idumäer bei den Juden nicht beliebt war, so verschaffte er dem Land und dem Volk doch relative Ruhe und Sicherheit, und die großartige Bautätigkeit, von der auch der Jerusalemer Tempel profitierte, kann man als Zeichen kultureller Blüte und eines gewissen Wohlstandes betrachten. In seinen letzten Lebensjahren war er äußerst mißtrauisch geworden, was dazu führte, daß die Mordaffären in seiner eigenen Familie wahnsinnige Formen annahmen. Bei seinem Tod atmeten sicher sehr viele befreit auf. Aber die Zeiten innerer Ruhe und Stabilität waren für Judäa damit auch zu Ende.

Sofort nach dem Tod des Herodes, noch ehe in Rom die Nachfolge geregelt war, kam es zu Unruhen, denen der syrische Legat Varus ein blutiges Ende bereitete. Die Herrschaft wurde unter den Söhnen des Herodes aufgeteilt. Archelaus erhielt die Gebiete Judäa, Samaria, Idumäa, doch wurden die Städte Gaza, Gadara und Hippos abgetrennt und zur Provinz Syrien geschlagen. Den Titel König erhielt er nicht, sondern nur die Bezeichnung Ethnarch (4 v. Chr. bis 6 n. Chr.). Herodes Antipas erhielt Galiläa und Peräa mit dem Titel Tetrarch (4 v. Chr. bis 39 n. Chr.). Philippus erhielt, gleichfalls als Tetrarch, die Gebiete Batanäa, Trachonitis und Auranitis (4 v. Chr. bis 34 n. Chr.).

Die Herrschaft des Archelaus über Judäa sollte nicht lange dauern. Er hatte in der Regierung keine glückliche Hand, so daß Juden und Samaritaner Gesandtschaften nach Rom schickten, die sich beim Kaiser über seine Grausamkeit beklagten. Daraufhin wurde er nach Rom zitiert, der Herrschaft enthoben und nach Vienna in Gallien verbannt. Judäa und Samaria wurden 6 n. Chr. einem römischen Prokurator unterstellt, der fortan für die äußere Ordnung verantwortlich war. Man war jetzt unmittelbar mit der römischen Staatsgewalt konfrontiert; die Verhältnisse besserten sich dadurch keineswegs. Als im Zuge der Umwandlung Judäas in eine prokuratorische Provinz ein Zensus für die Steuerveranlagung durchgeführt wurde, kam es zur Bildung der Zeloten-Partei durch Judas Galiläus. Er erklärte es „für einen Frevel, wenn sie bei der Steuerzahlung an die Römer bleiben und nach Gott irgendwelche sterblichen Gebieter auf sich nehmen würden"[3]. Dies war, wie Josephus berichtet[4], der Beginn des aktiven Widerstandes gegen die römische Herrschaft, der mit dem Untergang der Stadt Jerusalem und des Tempels im Jahre 70 n. Chr. enden sollte.

Die zelotischen Umtriebe machten den Prokuratoren viel zu schaffen, was die Situation nicht erleichterte. Pontius Pilatus war der fünfte in der Reihe der Prokuratoren, seine Amtszeit dauerte von 26–36 n. Chr. Ein bei *Philo* zitiertes Zeugnis bezeichnet ihn als „von Natur aus unbeugsam, eigenwillig und hart" und erwähnt „seine Bestechlichkeit, seine Gewalttätigkeit, seine Räubereien, Mißhandlungen, Beleidigungen, fortgesetzten Hinrichtungen ohne Gerichtsverfahren sowie seine unaufhörliche und unerträgliche Grausamkeit"[5]. Die Juden hat er durch ein bewußt rücksichtsloses Verhalten öfter provoziert, gleich zu Beginn seiner Amtstätigkeit dadurch, daß er die Soldaten bei Nacht mit den Kaiserbildern, die an den Standarten angebracht waren, in Jerusalem einziehen ließ. Das verursachte eine ungeheure Erregung, weil es als Verstoß gegen das Bilderverbot galt. Die wiederholten Provo-

[3] *Josephus,* Jüdischer Krieg II, 118.
[4] Jüdische Altertümer XVIII, 4-10.
[5] Legato ad Gaium, 301–302.

kationen, die häufig mit ungerechtfertigter Gewaltanwendung verbunden waren, führten schließlich auch zu seiner Absetzung. Dies ist der politische Hintergrund der Wirksamkeit Jesu.

Weitaus wichtiger sind die religiösen Verhältnisse. Seit dem großen Babylonischen Exil im 6. Jahrhundert v. Chr. hatten die Juden ihre politische Selbständigkeit verloren; nur in der Hasmonäerzeit nach dem makkabäischen Aufstand (ca. 167 bis 63 v. Chr.) wurde sie in begrenztem Umfang noch einmal bis zur Ankunft der Römer zurückgewonnen. Nach der von den Persern verfügten Heimkehr aus dem Exil (5. Jh. v. Chr.) waren für die weitere Entwicklung zwei Dinge entscheidend, nämlich der Wiederaufbau des Tempels in Jerusalem mit der Neuordnung des Tempelkultes und die von dem „Schreiber" Esra betriebene Neuverpflichtung der gesamten Volksgemeinde auf das mosaische Gesetz. Tempelkult und Gesetzesfrömmigkeit waren die Pfeiler, auf denen die jüdische Religion, und damit die gesamte Volksexistenz, fortan beruhte. Es entstand eine Art Theokratie, die sich um so ruhiger entfalten konnte, als man die politischen Sorgen vorerst einmal los war.

Die Konzentration des gesamten Tempel- und Opferkultes des Judentums in Jerusalem, noch ein Erbe der vorexilischen Reform des Königs Josias (622 v. Chr.), die erst jetzt richtig ausgebaut wurde, war etwas Einzigartiges. Jerusalem war der auserwählte Mittelpunkt der Judenschaft der gesamten Ökumene, die heilige Stadt, der bevorzugte Ort der Gegenwart Jahwes. Alljährlich strömten die Scharen der frommen Wallfahrer zu den großen Festen dorthin. Dort war der Hauptsitz der priesterlichen Hierarchie, an deren Spitze der Hohepriester stand, der zugleich als das offizielle Oberhaupt des jüdischen Volkes fungierte. Zu ihm gehörten der höhere und niedere Klerus, Priester und Leviten, das gesamte für den täglichen Tempeldienst nötige Kultpersonal. Unter den Hasmonäern erlebte das Hohepriestertum eine letzte Glanzperiode. Nach dem Auftreten der Römer und des Herodes verlor es allerdings einen Teil seiner politischen Macht; Herodes und die Prokuratoren setzten die Hohenpriester je nach Belieben ein und ab. Trotzdem war der Einfluß dieses höchsten Amtes noch immer sehr groß. Die Hohenpriester standen an der Spitze des Synedriums und waren damit auch weiterhin die höchsten Repräsentanten des jüdischen Volkes. Annas hatte das Hohepriesteramt von 6–15 n. Chr. inne, Joseph Kaiaphas von 18–36 n. Chr.; nach Jo 18, 13 war er ein Schwiegersohn des Annas.

Der andere Pol des jüdischen Lebens war die Gesetzesfrömmigkeit. Da der Großteil der Juden außerhalb Jerusalems lebte, in Palästina oder in der weltweiten Diaspora, kam ihr eine um so größere Bedeutung zu. Jude zu sein, das hieß vor allem: nach der Tora, dem Gesetz, zu leben. Die Pflege der Gesetzesfrömmigkeit machte ein intensives Gesetzesstudium und eine Gesetzesauslegung nötig. Der Synagogengottesdienst am Sabbat diente außer dem Gebet besonders der Gesetzesunterweisung. So kommt es auch zu dem neuen Stand der Schriftgelehrten, die Theologen sind und noch mehr Juristen und die auch bald zur Schulbildung übergehen. Besonders berühmt sind aus der Zeit unmittelbar vor Jesus die beiden Schulhäupter Rabbi Hillel und Rabbi Schammai. Während der erste eine großzügige Gesetzesauslegung vertrat, zeichnete der zweite sich durch größere Strenge aus. Die Gesetzesauslegungen der Rabbinen traten als mündliche Überlieferung bald neben die schriftliche Moses-Tora, den Pentateuch, und wurden manchmal wichtiger als die Tora selbst.

Ein wichtiges Gremium ist noch zu erwähnen, der „Hohe Rat" (Synedrium). Es handelt sich um einen Senat von 70 (+ 1) Mitgliedern unter dem Vorsitz des Hohenpriesters, der nach dem Exil entstanden war, wann, läßt sich nicht mit Sicherheit sagen. Nach dem Neuen Testament setzt er sich aus drei Gruppen zusammen, den Oberpriestern, den Schriftgelehrten und den Ältesten. Ursprünglich ein aristokratischer Senat, in dem die einflußreichsten Priester- und Laienfamilien die Hauptrolle spielten, wurde er nach und nach auch mit pharisäischen Schriftgelehrten besetzt. Zur Zeit Jesu sind darin beide Richtungen vertreten, der sadduzäische Priesteradel und die pharisäischen Schriftgelehrten. Ursprünglich war das Synedrium das höchste jüdische Selbstverwaltungsorgan.

Ihm oblag die Gesetzesauslegung, die politische Entscheidung über Krieg und Frieden und die höchste Gerichtsbarkeit. Wieweit seine Kompetenzen über Jerusalem und Judäa hinausgingen, ist schwer zu sagen; denn der faktische Einfluß war wohl größer als die rechtlich faßbare Kompetenz. Zur Zeit der Prokuratoren war die Kompetenz des Synedriums beschnitten; sie erstreckte sich auf religiöse und zivilrechtliche Angelegenheiten. Die politischen Entscheidungen und die Kapitalsgerichtsbarkeit lagen bei den Prokuratoren.

Nach alldem wäre es verfehlt, die jüdische Gesellschaft zur Zeit Jesu als eine homogene, in sich geschlossene Größe zu betrachten. Zwar gab es im Kult und in der Torafrömmigkeit ein gemeinsames Band. Aber die Einstellung zum Gesetz ließ zwischen liberaler Praxis und Rigorismus eine breite Skala von Möglichkeiten zu; außerdem kam es zu Gruppenbildungen, so daß man mit Recht von „Religionsparteien" im Judentum sprechen kann.

Josephus spricht in Anpassung an hellenistische Vorstellungen von drei bzw. vier „Philosophenschulen", die es bei den Juden gebe: „Es treiben nämlich bei den Juden drei Gruppen Philosophie: die Anhänger der ersten heißen Pharisäer, die der zweiten Sadduzäer; die dritte Gruppe, die sich in der Tat nach allgemeinem Urteil eines besonders heiligen Wandels befleißigt, heißt Essener."[6] Als vierte Gruppe erwähnt er noch die Zeloten[7]. Die Essener sind durch die Entdeckung der Qumran-Gemeinde und deren Schriften (1947) genauer bekannt geworden. Freilich ist die Bezeichnung dieser Gruppen als „Philosophenschulen" gegenüber der Wirklichkeit vergleichsweise harmlos und irreführend. Im Grunde handelt es sich um echte, religiös bedingte Parteibildungen, teilweise mit sehr ausgeprägtem politischem Akzent. Drei Kriterien kann man für die Unterschiede namhaft machen, die Einstellung zum Gesetz, zur Eschatologie bzw. zur Apokalyptik und zur Fremdherrschaft (Rom).

Die SADDUZÄER sind die Partei des priesterlichen Hochadels

[6] Jüdischer Krieg II, 119; Jüdische Altertümer XVIII, 11.

[7] Jüdische Altertümer XVIII, 23.

und der sozial privilegierten Klasse, die eng mit dem Tempelkult verbunden ist und deshalb auch mit dem Ende des Tempels verschwindet. In religiöser Hinsicht konservativ, betrachten sie nur die geschriebene Moses-Tora für verbindlich und lehnen alle Neuerungen, vor allem die mit dem Aufkommen der Apokalyptik verbundenen Vorstellungen, ab. Bekannt ist ihre Ablehnung des Auferstehungsglaubens (vgl. Mk 12,18–27 par; Apg 23,6–9), weshalb sie auch als Epikureer betrachtet wurden. Ihr politischer Einfluß war groß. Aus ihrer Grundeinstellung heraus versteht es sich, daß sie auf ein gutes Einvernehmen mit den Römern bedacht waren und die politisch-revolutionären Bewegungen, oder was danach aussah, verwarfen. Die Sympathie des Volkes gehörte ihnen nicht, so daß es ihnen später auch nicht gelang, den Aufstand gegen Rom zu verhindern.

Die anderen drei Gruppen hängen insofern enger miteinander zusammen, als sie eine gemeinsame Wurzel haben, nämlich in den Asidäern (= Chassidim), den Bekenntnisfrommen der Makkabäerzeit. Daraus erwächst ein gemeinsames Moment, nämlich ein leidenschaftliches Eintreten für die überkommene Religion, vor allem für das Gesetz. Die Makkabäerzeit ist auch der Beginn der Apokalyptik (Danielbuch), der Naherwartung des baldigen Endes mit dem Anbruch der Heilszeit, die als Ende aller Not, religiöser Unterdrückung und der Herrschaft fremder, heidnischer Mächte brennend herbeigesehnt wurde. Von den Asidäern spaltete sich die Gruppe der Essener ab, um in der Wüste (Qumran) ein ordensähnliches Leben strengster Gesetzesobservanz, priesterlicher Reinheit und eschatologischer Naherwartung zu pflegen. Bei der Abspaltung spielten Fragen der Legitimität des Hohenpriesters und des Tempelkultes eine maßgebliche Rolle. Man hielt den Jerusalemer Kult nicht mehr für legitim und erwartete seine eschatologische Erneuerung.

Die Gruppe der Pharisäer (der Name kommt von *peruschim* = die Abgesonderten; er wurde ihnen wahrscheinlich von außen beigelegt) kommt von dem Zweig der Asidäer, der sich mit der Hasmonäerherrschaft abfand, die Sezession nicht mitmachte und unter den neuen Verhältnissen das Gesetz zu praktizieren suchte. Die Pharisäer sind eine Laienbewegung, die grundsätzlich allen Juden offenstand. Gewöhnlich schlossen sie sich zu Genossenschaften (Chaberuth) zusammen. Dabei übernahmen sie die Verpflichtung, regelmäßig den Zehnten ans Heiligtum zu entrichten und das Gesetz in der Form, wie es für den Priesterdienst am Heiligtum verpflichtend war, auch im Alltag zu halten. Ihr Ideal war es, den Gedanken des „heiligen Volkes" möglichst umfassend zu realisieren; dabei die Übernahme der priesterlichen Reinheitsvorschriften, deshalb wurde im Gesetz auch zwischen „ethischen" und „kultischen" Geboten nicht unterschieden. Die strenge Gesetzespraxis, vor allem hinsichtlich der Reinheitsgebote, führte von selbst zur Absonderung von denen, die es mit diesen Vorschriften nicht so genau nahmen. Das waren einmal die große Masse, der *am-ha-arez,* das Landvolk, das das Gesetz nicht kennt und es deshalb auch nicht praktiziert, dann Gruppen, die in ständiger Berührung mit den Heiden lebten, wie die Zöllner, und natürlich die notorischen Gesetzesübertreter, die Sünder aller Sparten. Das Bild, das das bekannte Gleichnis vom Pharisäer und Zöllner (Lk 18, 9–14) vom Pharisäer zeichnet, ist keine böswillige Karikatur, sondern entspricht genau dem pharisäischen Selbstverständnis.

Aufgrund ihrer Lebensführung galten die Pharisäer weithin als die Musterfrommen, die im Volk angesehen waren, zumal sie die Verbindung mit dem Volk aufrechterhielten und nicht zur privilegierten Klasse gehörten. Ihre große geschichtliche Bedeutung erlangten die Pharisäer nach der Zerstörung Jerusalems; damals übernahmen sie die Führung des jüdischen Volkes, und es gelang ihnen auch, mit Hilfe des Gesetzes das Judentum zu konsolidieren und damit seinen Fortbestand bis in die Gegenwart zu sichern. Die Verbindung zu den Schriftgelehrten ergab sich durch die Gesetzespraxis von selbst, so daß ein Teil der Rabbinen auch Pharisäer war. Neben der Tora hielten sie auch die Auslegungstradition für verbindlich; ebenso hatten sie Raum für die neuen Glaubensvorstellungen der Apokalyptik, den Auferstehungsglauben und die messianischen Hoffnungen, was nach 70 n. Chr. jedoch wieder stark zurückgedrängt wurde. Politisch waren sie eher gemäßigt, solange keine Fragen der Gesetzesfrömmigkeit berührt wurden: war dies der Fall, dann waren sie vermutlich rasch zu radikalisieren. Zweifellos haben viele von ihnen mit den Zeloten sympathisiert.

Die Partei der ZELOTEN (= Eiferer, nämlich für die Sache Gottes) entstand, als die römischen Prokuratoren das Regiment übernahmen (6 n. Chr.; vgl. oben). Radikale Gesetzesfrömmigkeit, apokalyptische Naherwartung und militante Ablehnung der römischen Herrschaft fanden sich hier zu einem verhängnisvollen Bündnis zusammen. Aus dem Gedanken der Alleinherrschaft Gottes über Israel zogen sie die politische Konsequenz, daß keine fremde heidnische Macht über Israel herrschen dürfe. *Josephus* erwähnt als Hauptmerkmal ihre „unüberwindliche Freiheitsliebe" und daß sie „Gott allein als ihren Herrn und König anerkennen"[8]. Die Steuerfrage war für sie ein religiös-politisches Bekenntnisproblem. Darüber hinaus waren sie der Meinung, daß man dem Kommen der Gottesherrschaft nachhelfen müsse, womöglich mit Gewalt. Für messianische Hoffnungen waren sie äußerst ansprechbar, wie überhaupt messianische Ambitionen und Bewegungen damals rasch virulent werden konnten. Für die Zeit des Herrschaftswechsels nach dem Tod des Herodes meint *Josephus:* „So war Judäa voll von Räuberbanden; und wo es einem gelang, eine Gruppe von Aufrührern um sich zu sammeln, da machte er sich zum König, zum Verderben der Allgemeinheit. Denn während sie den Römern nur geringen Schaden zufügen konnten, wüteten sie um so mehr mit Mord und Totschlag gegen ihre eigenen Volksgenossen."[9]

Man muß die strikte Reserve, die Jesus dem Messias-Titel gegenüber geübt hat – er hat sich selbst nicht als Messias bezeichnet –, auf diesem Hintergrund sehen und von daher beurteilen.

Was die messianischen Erwartungen des Judentums angeht, so

[8] Jüdische Altertümer XVIII, 23.

[9] Jüdische Altertümer XVII, 285.

sind sie keineswegs einheitlich. Die Auffassung, wie sie der folgende Text aus Psalm 17 der „Psalmen Salomos“ wiedergibt, dürfte für verschiedene apokalyptische Kreise des Judentums bezeichnend sein:

„Sieh, Herr, darein! Laß ihnen ihren König wiederum erstehen,
den Davidsohn, zur Zeit, die du erkoren, Gott,
daß Israel, dein Knecht, ihm diene!
Umgürte ihn mit Kraft, daß er des Frevels Herrscher niederschmettere!
Mach rein Jerusalem von Heiden, die's also kläglich niedertreten!
In Weisheit und Gerechtigkeit treib' er die Sünder aus dem Erbteil fort,
zerschlag' des Sünders Übermut gleich Tongeschirr!
Mit einem Eisenstock zerschmettre er ihr ganzes Wesen,
vernicht' mit seines Mundes Wort die frevelhaften Heiden!
Bei seinem Drohen sollen die Heiden vor ihm fliehen!
Ob ihres Herzens Sinn weis' er zurecht die Sünder!
Dann sammelt er ein heilig Volk, das er gerecht regiert,
und richtet dann die Stämme des von dem Herren, seinem Gott, geweihten Volkes.“

PsSal 17, 23–28; zit. nach *Riessler.*

Das Beispiel allein dürfte schon genügen, um den gewaltigen Unterschied zu zeigen, der zwischen einem solchen Denken und der Einstellung Jesu besteht.

2. Historische Probleme der Geschichte Jesu

Der Überblick über den zeitgeschichtlichen Hintergrund der Geschichte Jesu hat wohl ergeben, daß vieles, was in den Evangelien steht, eine Beziehung zu dieser Zeitgeschichte hat und sich von dorther besser verstehen läßt. Es ist offenbar sinnvoll, die jüdischen Quellen zum Vergleich mit den Evangelientexten heranzuziehen, weil diese durch einen Vergleich an Konturen gewinnen.

Botschaft und Tätigkeit Jesu, dies folgt daraus, müssen zunächst geschichtlich verstanden werden. Auch Jesus hat, wie die Propheten des Alten Testaments, nicht eine ewige, überzeitliche Wahrheit verkünden wollen, sondern unmittelbar an die Menschen seiner Zeit sich gewandt. Was er lehrte, bezog sich direkt auf die Hoffnungen, welche damals die Menschen bewegten, und auf die konkreten Probleme, die damals im Judentum aktuell waren. Man kann daraus nicht ohne weiteres schließen, daß diese Probleme auch für uns noch aktuell sein müßten; dies ist erst noch zu klären.

Doch wenn wir nun versuchen, die Geschichte Jesu historisch genauer zu fixieren, befinden wir uns in einer großen Verlegenheit. Hier ist noch einmal an das früher Gesagte zu erinnern, daß die Evangelien ihrer eigenen Absicht nach Glaubenszeugnisse sind, nicht historische Dokumente. Man sieht dies am besten an der Sorglosigkeit, mit der sie die historischen Angaben behandeln. Wer von dem Vorverständnis ausgeht, die Evangelien müßten, weil sie inspirierte Bücher sind und Gott zum Urheber haben, auch in sämtlichen chronologischen und topographischen Angaben exakt stimmen, wird durch die folgenden Ausführungen schwer erschüttert werden. Tatsächlich läßt diese Meinung sich nicht halten. Dabei wird übersehen, daß eine historische Fragestellung immer nur mit annäherungsweiser Gewißheit rechnen kann, daß sie redlicherweise auf die großen Lücken und sogar Widersprüche in den Quellen hinweisen muß und daß sie auf den Unterschied zwischen historischem Wissen und dogmatischem Für-wahr-Halten aufmerksam zu machen hat.

Wer mit dem Neuen Testament dogmatisch verfahren möchte, wird an zahllosen Einzelheiten scheitern. Aber es wäre ebenso falsch, aus der Begrenztheit unseres historischen Wissens eine radikale Skepsis zu folgern: also wissen wir gar nichts, also kann man überhaupt nichts glauben. Eine solche Argumentation geht von der falschen Voraussetzung aus, daß der Glaube, um vertretbar zu sein, über ein absolutes, unfehlbares Wissen verfügen müsse. In

Wahrheit ist es jedoch so, daß auch das Wissen des Glaubens ein unvollständiges, lückenhaftes, gebrochenes ist wie jedes andere menschliche Wissen auch. Dies sich klarzumachen dient der Redlichkeit und Wahrhaftigkeit des Glaubens. Es macht ihn von Enge, Fanatismus und Überheblichkeit frei, die in der Geschichte der Religion oft sehr viel Unheil angerichtet haben. Es sollte also nicht vergrämen, wenn bei den folgenden Ausführungen manche Fragezeichen gesetzt werden, wenn wir öfter mit Hypothesen arbeiten, die zwar nicht unbegründet, aber nicht mit mathematischer Sicherheit zu beweisen sind.

Beginnen wir mit der Frage nach der HERKUNFT JESU. Bei Markus heißt Jesus wiederholt *Jesoûs ho Nazarenós* (Mk 1,24; 10,47; 14, 67; 16,6; daneben auch *Nazoraîos* bei Mt, Lk und Jo). Der Eigenname *Jesus* (hebr. jeschua, j^{e}hoschua, Josua = „Jahwe ist Heil") ist bereits im Alten Testament bezeugt (Josua, der Nachfolger des Moses) und war auch im Judentum keine Seltenheit; bei *Josephus* finden sich für unseren Zeitraum etwa zwanzig Personen dieses Namens. Obwohl öfter bestritten, konnte die allgemeine Auffassung doch nicht erschüttert werden, daß mit der Bezeichnung *Nazarenós* oder *Nazoraîos* die Heimat Jesu bezeichnet werden soll: Jesus, der Nazarener, oder Jesus von Nazareth. Nach Johannes (19,19) hätte diese volle Namensform auch auf dem Schuldtitel, der am Kreuz angeheftet wurde, gestanden: „Jesus von Nazareth, König der Juden". Auch sonst wird Nazareth in Galiläa als Heimat Jesu und seiner Eltern Maria und Joseph bezeugt (Mk 1,9; Mt 2,23; 4,13; 21,11; Lk 1,26; 2,4.39.51; 4,10). Ebenso ist nicht zweifelhaft, daß mit der Heimat, der Jesus mit seinen Jüngern einen Besuch abstattete (Mk 6,1–6a par), Nazareth gemeint ist. Da Maria und Joseph schon vor Jesu Geburt und auch danach in Nazareth wohnten, ist der Ort als die eigentliche Heimat Jesu zu betrachten.

Im größeren Rahmen gesehen, stammt Jesus aus Galiläa. Den orthodoxen Judäern galt Galiläa wegen seiner Mischbevölkerung als halbheidnisch. Es war erst 104/103 v.Chr. von Aristobul I.

endgültig erobert und mit Gewalt judaisiert worden; doch gelang es nie völlig, die Galiläer auf die strenge jüdische Gesetzesobservanz festzulegen. Außerdem war Galiläa die Heimat der zelotischen Freiheitsbewegung, der Revolutionäre und Freischärler. Möglicherweise war Nazareth, das vorher nirgends erwähnt wird, ein sprichwörtlich obskures Nest: „Kann denn aus Nazareth etwas Gutes kommen?" (Jo 1,46), sagt Nathanael zu Philippus.

Die Kindheitsgeschichten bei Matthäus (2,1–12) und Lukas (2,1–20) geben Bethlehem als Geburtsort Jesu an. Matthäus fügt noch die Zeitangabe „in den Tagen des Königs Herodes" (vgl. auch Lk 1,5) bei, während Lukas die Geburt Jesu in den bekannten Rahmen einer vom Kaiser Augustus angeordneten Volkszählung des gesamten Imperiums stellt. Die Angaben enthalten jedoch die größten Schwierigkeiten. Daß Jesus noch zu Lebzeiten des Königs Herodes, also vor 4 v.Chr., geboren ist, mag wohl stimmen, doch ist das genaue Geburtsjahr unbekannt. Die auf den römischen Abt Dionysius Exiguus (gest. vor 556 n.Chr.) zurückgehende Zeitrechnung „vor" und „nach Christi Geburt" beruht auf der Annahme, daß Jesus am 25. Dezember 753 ab urbe condita (= seit Gründung Roms) geboren sei; sie hat sich allgemein durchgesetzt, ist aber, was ihre Voraussetzungen angeht, fiktiv. Die Geburtsgeschichte nach Lukas ist eine literarische Konstruktion des Evangelisten; denn eine allgemeine, die gesamte Ökumene erfassende Volkszählung unter Augustus hat sich nicht feststellen lassen, und diejenige, bei der Quirinius als Statthalter von Syrien tatsächlich beteiligt war, fand 6 n.Chr. in Judäa statt, als es einen römischen Prokurator erhielt. Zudem erhalten die Kindheitsgeschichten noch besondere literarische und theologische Probleme. Bethlehem war die Heimat des Königs David und spielte in der Prophetie Micha 5,1 eine Rolle. Wenn es als Geburtsort Jesu erscheint, dann hängt dies wohl doch eher mit dem urchristlichen Messiasbekenntnis zusammen (vgl. Röm 1,3f). Ob Jesus bzw. Joseph und dessen Familie „verarmte Nachkommen Davids" waren, muß ganz offenbleiben. Die beiden Stammbäume

Jesu bei Matthäus (1,1–17) und Lukas (3,23–38) treffen sich zwar bei David, gehen aber sonst heillos auseinander.

Im übrigen muß man sich hüten, die theologischen Aussagen über die wunderbare Empfängnis Jesu durch Maria historisch verifizieren zu wollen. Es handelt sich da um besondere literarische Gattungen, denen es um theologisch-kerygmatische Aussagen geht. Man muß also damit rechnen, daß zwischen der theologischen Aussageabsicht der Kindheitsgeschichten und der historischen Wirklichkeit eine Spannung besteht. Dies zeigt sich auch darin, daß in den Evangelien selber an manchen Stellen ganz unbefangen von Joseph als dem Vater Jesu gesprochen wird (vgl. Mt 13, 55; Jo 6, 42), ebenso von seinen „Brüdern und Schwestern" (Mk 6,3). Obgleich das Neue Testament von der Einzigartigkeit Jesu überzeugt ist, war man nicht darauf bedacht, sämtliche Schwierigkeiten dogmatisch zu harmonisieren. Die ganze Familie Jesu scheint sich Jesus gegenüber während dessen öffentlicher Tätigkeit sehr distanziert, ja ablehnend verhalten zu haben (vgl. Mk 3,20f; 3,31–35 par; Jo 7,5), wie Jesus überhaupt in seiner Heimatstadt keine Anerkennung fand (Mk 6,1–6a par). Erst nach Ostern finden auch die Verwandten Jesu den Anschluß an die Jüngergemeinde. Der „Herrenbruder Jacobus", wegen seiner Gesetzesfrömmigkeit sogar bei den Juden geachtet, rückte in eine führende Stellung auf. Paulus rechnet ihn neben Petrus und Johannes zu den „Säulen" der Jerusalemer Urgemeinde (Gal 2,9).

Über die Zeit vor dem öffentlichen Auftreten Jesu wissen wir so gut wie nichts. Die erbauliche Geschichte vom zwölfjährigen Jesus im Tempel (Lk 2,41–52) scheint einem Bedürfnis, darüber mehr zu erfahren, entgegenzukommen. Doch läßt sich zeigen, daß die theologische Absicht hier weit stärker federführend war als eine exakte historische Information. In einem Punkt freilich stimmen alle Evangelisten überein, nämlich darin, daß sie das Auftreten Jesu in Beziehung setzen zur Predigt und Tauftätigkeit Johannes' des Täufers. Dieser Umstand hat um so größeres Gewicht, als die neutestamentliche Überlieferung in fast allen Schichten erkennen läßt, wie sehr man über die Person des Täufers und seine

Stellung zu Jesus und umgekehrt reflektierte und daß in manchen Kreisen der Täufer als Konkurrent zu Jesus empfunden wurde. Bei Markus, in Q und bei Johannes findet sich eine relativ breite Täufertradition. Nach Markus beginnt der „Anfang des Evangeliums" mit dem Auftritt des Täufers. Daran wird durchweg festgehalten, wenn man von dem Vorspann der Kindheitsgeschichten bei Matthäus und Lukas und dem Prolog bei Johannes absieht. Die Taufe Jesu durch Johannes (Mk 1,9–11; Jo 1,29–34) darf als ein gesichertes historisches Faktum gelten. Die Schilderung der Herabkunft des Geistes und die Himmelsstimme: „Du bist mein geliebter Sohn, an dir habe ich Gefallen" (Mk 1,11), gehören zur christologischen Ausgestaltung der Szene und zeigen, daß man darin später den eigentlichen Beginn der messianischen Wirksamkeit Jesu erblickte. Dagegen zeigen die Matthäus-Parallele (Mt 3,13–17) und die Täufertexte bei Johannes (Jo 1,19–34; 3,22–36) ein deutliches Bestreben, dem Gedanken einer Überlegenheit des Täufers gegenüber Jesus entgegenzuwirken, ein Zeichen, daß man den Tatbestand als unbequem empfand. Jesus hat seine positive Einstellung zum Täufer anscheinend wiederholt geäußert (vgl. die Zusammenstellung Q = Mt 11,1–19; Lk 7,18–35) und in seiner Wirksamkeit ein gottgewirktes Zeichen gesehen (Vollmachtsfrage Mk 11,27–33 par).

Mit größtem Recht sieht die christliche Überlieferung in Johannes dem Täufer den „Vorläufer Christi". Bei genauerem Zusehen gewinnt dieser Begriff des „Vorläufers" jedoch eine tiefere Bedeutung, als ihm gewöhnlich zugestanden wird. Johannes trat als eschatologischer Gerichtsprophet auf, der angesichts der herannahenden Endkatastrophe zu Buße und Bekehrung aufrief. Er verkündete eine „Taufe der Umkehr zur Sündenvergebung" (Mk 1,4). Diese Taufe war für den Mann so charakteristisch, daß sie zum Bestandteil seines Namens wurde[10]. Die Johannestaufe hat den Chrakter eines einmaligen eschatologischen „Zeichens". Mit ihrem Empfang war ein Sündenbekenntnis verbunden. Die Ge-

[10] Vgl. auch *Josephus,* Ant. XVIII, 116.

tauften durften darauf vertrauen, im nahe bevorstehenden Endgericht von Gott akzeptiert zu werden. Diese Aufforderung zu Umkehr und Taufe richtete sich an das ganze jüdische Volk. „Glaubt nicht, ihr könntet denken: Wir haben ja Abraham zum Vater! Denn ich sage euch: Gott kann aus diesen Steinen da dem Abraham Kinder erwecken" (Mt 3,9).

Mit Johannes dem Täufer tritt im Grunde eine neue Form der eschatologischen Erwartung auf den Plan. Während die apokalyptischen Hoffnungen sonst mehr oder weniger selbstverständlich die Befreiung und Rettung Israels erwarten, übt die Täuferpredigt an dieser religiösen Selbstsicherheit schneidende Kritik. Die Abrahamskindschaft bietet keinerlei Heilsgarantie; vielmehr ist ganz Israel zur Umkehr aufgerufen. Der „Kommende", von dem der Täufer anscheinend auch gesprochen hat (Mk 1,7–8; Q = Mt 3,12; Lk 3,17), ist nicht der geläufige Messias der Volkserwartung, der Israel von seinen Feinden befreit, sondern eine Person, die in Gottes Auftrag Gericht hält, und zwar an Israel selbst. Diese eschatologische Predigt fällt ganz aus dem Rahmen des Üblichen heraus. Man denkt unwillkürlich an den Propheten Amos, für den der traditionelle Sieges- und Freudentag, der „Tag Jahwes", urplötzlich Finsternis war und nicht Licht (Am 5,18–20). Bei Johannes klangen im Rahmen und in der Vorstellungswelt der zeitgenössischen Apokalyptik doch ganz andere Töne auf, die in der Tat an die Zeiten der großen Propheten erinnerten, und zwar so, daß die geläufigen apokalyptischen Hoffnungen der Vernichtung der Gottesfeinde, des Endsieges Israels und der messianischen Weltherrschaft von der Wurzel her in Frage gestellt wurden. In der Predigt des Täufers wurde Israel ganz neu mit seinem Gott konfrontiert, und das war etwas völlig anderes; da ging es um die Bereitschaft zur Umkehr. Diesen Ruf hat Jesus gehört und aufgenommen.

Es tut der Würde Jesu keinen Abbruch, wenn man ihn als den authentischsten Schüler Johannes' des Täufers betrachtet, der seine Botschaft am besten verstand und am radikalsten daraus die Konsequenzen zog, die allerdings einen entscheidenden Schritt über den Täufer hinausführten. Ob Jesus noch eine Zeitlang neben dem Täufer gewirkt hat (so nach Jo 3,22–36; 4,1–2) oder erst nach dessen Verhaftung (so Mk 1,14), läßt sich nicht genau sagen. Die ersten Jünger mögen aus dem Täuferkreis gekommen sein (Jo 1,35–51). Auch das weitere Schicksal des Täufers ist nicht ohne Bedeutung. Johannes wurde gefangengenommen und später hingerichtet, nach der Version des Neuen Testaments, weil er Herodes Antipas wegen der Heirat mit seiner Schwägerin Herodias zurechtgewiesen hatte (Mk 6, 17–29). Damit konkurriert der Bericht des *Josephus,* wonach der Täufer aus politischen Gründen, weil Herodes einen Volksaufruhr befürchtete und dem vorbeugen wollte, verhaftet, nach der Festung Machärus gebracht und hingerichtet worden sei (Jüdische Altertümer XVIII, 118f). Dies scheint der historischen Wahrheit näher zu kommen. Herodes hätte dann zwischen der johanneischen Taufbewegung und den üblichen Aufstandsbewegungen keinen Unterschied gemacht, und der Täufer wäre der politischen Mißdeutung seiner Wirksamkeit zum Opfer gefallen – genauso wie Jesus selbst. Jedenfalls, wenn Jesus in die Fußstapfen des Täufers trat, so mochte er dessen Schicksal wohl entnehmen, welches Risiko er damit einging.

Wie lange hat Jesus gewirkt? Auch darüber gehen die Angaben auseinander, so daß die Auffassungen zwischen einem Jahr und drei Jahren schwanken. Johannes erwähnt drei Passahfeste (Jo 2,13.23; 6,4; dann das „Todespassah" 11,55; 12,1; 13,1; 18,28.39; 19,14), beim ersten und letzten ist Jesus in Jerusalem; außerdem noch bei drei anderen Festen (Jo 5,1; Laubhüttenfest Kap. 7; Tempelweihe 10,22). Nach Johannes hätte Jesus sich häufiger in Jerusalem aufgehalten, dort auch zwei auffallende Wunder gewirkt (Jo 5,1–18; 9,1–41) und im Tempel die bedeutungsvollsten Offenbarungsreden gehalten. Die galiläische Wirksamkeit Jesu kennt Johannes zwar auch, doch ist sie im Vergleich zu den Synoptikern weit weniger ausgedehnt, dazu kommt ein erfolgreicher Aufenthalt in Samaria (Kap. 4). Johannes erweckt also den Eindruck einer zweieinhalb- bis dreijährigen Wirksamkeit

Jesu, der Schwerpunkt liegt bei ihm augenscheinlich in Jerusalem. Die gesamte Darstellung bei Johannes unterliegt jedoch dem Verdacht theologischer Konstruktion. So bringt er gleich am Anfang die Tempelreinigung (Jo 2, 12–22), die nach den Synoptikern nach dem Einzug Jesu in Jerusalem erfolgt (Mk 11, 15–18 par), was historisch sehr viel wahrscheinlicher ist. Die großen Reden finden meist an Festen im Tempel statt oder, wie die galiläische Brotrede, in Anlehnung an ein Fest. Man verweist häufig auf das Drohwort über die Prophetenmörderin Jerusalem (Q = Mt 23, 37–39; Lk 13, 34–35): „Wie oft wollte ich deine Kinder sammeln, wie eine Henne ihre Küchlein unter ihre Flügel nimmt", was auf einen öfteren Aufenthalt in Jerusalem schließen lasse. Das ist möglich, aber nicht sicher. Also haben die Synoptiker recht? Das kann man auch nicht ohne weiteres sagen.

Geht man von der Markus-Darstellung aus, die auch Matthäus und Lukas zugrunde liegt, dann ergibt sich zwar eine gute Gliederung: Wirksamkeit in Galiläa mit Kapharnaum als Standquartier, kurzer Aufenthalt in heidnischem Gebiet, Petrusbekenntnis, Beginn des Weges nach Jerusalem, Einzug und Aufenthalt in Jerusalem, Passion. Die Schwierigkeit liegt darin, daß dieser zeitlich-geographische Rahmen für Markus zugleich als literarisches Gliederungsprinzip dient, was bei Lukas noch stärker der Fall ist, während Matthäus ein etwas anderes Gliederungsprinzip hat. Zugegeben, daß hinter dem literarischen Rahmen brauchbare Notizen stehen. Aber es bleibt die große Schwierigkeit, den literarischen Rahmen ohne weiteres als historische Information zu betrachten, was kaum möglich ist. Man muß also sagen, präzise Anhaltspunkte für die Dauer der Wirksamkeit Jesu haben wir nicht. Ein gewisse Vorliebe mag für die markinische Auffassung sprechen mit der Annahme einer anderthalbjährigen Wirksamkeit; das ließe sich ungefähr mit Lukas (3, 1f) kombinieren. Man wird sich auch sehr hüten müssen, die Reihenfolge der Perikopen bei Markus (oder Mt und Lk) als historisch anzusehen. Die meisten Erzählungen ließen sich ohne weiteres umstellen. Mit einer ungefähren Wahrscheinlichkeit kann man vielleicht sagen: der wichtigste Schauplatz der Tätigkeit Jesu war Galiläa, nicht Jerusalem. Daß Jesus mit seinen Jüngern auch einmal heidnisches Gebiet durchwanderte, ist nicht ausgeschlossen, freilich nicht zu dem Zweck ausgedehnten Wirkens. Wenn Jesus vor dem Todespassah einmal oder öfter in Jerusalem war, so ist darüber nichts Sicheres auszumachen. Dafür, daß Jesus einmal nach Jerusalem ziehen mußte, lassen sich Gründe angeben. Denn Jerusalem mit dem Tempel war nun einmal der religiöse Mittelpunkt des Judentums, und wer mit seiner Botschaft das gesamte Volk ansprechen wollte, der mußte es dort auf eine Entscheidung ankommen lassen. Das paßt jedoch eher zum Schluß der Tätigkeit Jesu.

Die im Neuen Testament am sichersten bezeugte historische Tatsache ist die Hinrichtung Jesu von Nazareth am Kreuz. Die Kreuzigung war eine römische Form der Exekution, das heißt, daß Jesus von der römischen Behörde zum Tode verurteilt und hingerichtet wurde, „unter Pontius Pilatus", wie das Credo ausdrücklich festhält. Aber das genaue Todesdatum Jesu steht nicht fest, manche Berechnungen kommen auf den 7. April des Jahres 30. Vor allem: die Evangelisten stimmen in der Datierung des Todestages Jesu nicht überein. Gemeinsam ist ihnen, daß Jesus an einem Freitag in der Osterwoche hingerichtet wurde, am Rüsttag vor dem Sabbat. Nach den Synoptikern war der Karfreitag der 15. Nisan, der hochfestliche Passahtag, nach Johannes dagegen der 14. Nisan, der Tag vor dem Hochfest, an welchem die Passahlämmer im Tempel geschlachtet wurden. Alle Versuche, diese gewichtige Differenz auszugleichen, zuletzt durch Rückgriff auf den Festkalender der Qumran-Gemeinde, sind fehlgeschlagen. Viele, auch äußerst kritische Forscher neigen dazu, das Johannes-Datum dem synoptischen vorzuziehen, weil sie von der Annahme ausgehen, daß die Juden kaum am höchsten Feiertag des Jahres einen Kapitalprozeß vor dem römischen Prokurator angestrengt hätten; doch läßt sich nicht einmal hierüber eine letzte Sicherheit gewinnen, weil mit beiden Datierungen theologische Interpretationen verquickt sind. An der Datierungsfrage hängt nämlich die wichtige

Frage, ob das Letzte Abendmahl, das Jesus mit seinen Jüngern hielt, ein Ostermahl war oder nicht. Nach Johannes wäre dies nicht der Fall gewesen, wie dieser Evangelist auch von der Einsetzung der Eucharistie nichts zu berichten weiß. Dagegen war nach der synoptischen Darstellung das Letzte Abendmahl ein Passahmahl, bei dem das Osterlamm gegessen und in dessen Rahmen die Eucharistie eingesetzt wurde (vgl. Jo Kap. 13–17 mit Mk 14,12–25 par). Für beide Möglichkeiten werden Gründe und Gegengründe angeführt; eine letzte Gewißheit, wie man sie wohl wünschen möchte, ist freilich auch darüber nicht zu erreichen.

Was die näheren Gründe angeht, die zur Hinrichtung Jesu am Kreuz geführt haben, so kommt man auch hier über begründete Vermutungen nicht weit hinaus. Die Passionsgeschichten der Evangelien zeigen im allgemeinen Ablauf der Ereignisse größere Übereinstimmung als sonst; aber auch da ist ein befriedigender Ausgleich in allen Einzelangaben nicht möglich. Zum Teil hängt dies mit der literarischen und theologischen Eigenart dieser Berichte zusammen. Sie wollen kein Protokoll nach Art eines Polizeiberichts geben. Ihr Interesse liegt darin, den Todesweg des Gottessohnes Jesus zu zeichnen, der in allen Stücken dem Willen Gottes, seines himmlischen Vaters, gehorsam war und dadurch sich als der Gerechte schlechthin erwies. Dazu bedienen diese Berichte sich einer verhaltenen, distanzierten Sprache, die sich an Vorbilder im Alten Testament, wie bestimmte Psalmen (z. B. Ps 22; 69) oder an Jesajas 53, anlehnt. Durch diese Sprache erfahren die historischen Vorgänge eine Stilisierung, die sie dem brutalen Hergang entrückt und in die Sphäre eines bedeutungsvollen Geschehens erhebt.

Geht man davon aus, daß die Strafe der Kreuzigung gegen Verbrecher angewendet wurde, die keine römischen Bürger waren, sondern Sklaven oder politische Rebellen, dann liegt die Annahme nahe, daß Jesus von den Römern aus politischen Gründen hingerichtet wurde. Im Prozeß vor Pilatus spielt der Begriff des „Königs der Juden" (vgl. Mk 15,2.9.12.18; Mt 27,11.29.37; Lk 23,3.37.38; Jo 18,33.37.39; 19,3.12.14) die ausschlaggebende

Rolle. Dies kann nur heißen, daß Jesus der römischen Behörde als Messiasanwärter übergeben worden war und daß der römische Prokurator Pilatus eine solche Anklage nur im politischen Sinn verstehen konnte. Für ihn war Jesus nichts anderes als ein gefährlicher Bandenhäuptling nach Art der Zeloten. Aber diese Anklage war anscheinend nicht von Pilatus selbst formuliert; die Berichte zeigen deutlich die Schwierigkeiten, die Pilatus hatte, einen der Anklage entsprechenden handgreiflichen Tatbestand herauszufinden; es gab wohl keinen. Die Anklage ging vielmehr von der jüdischen Führungsschicht aus, die Jesu Verhaftung betrieben hatte.

Zwar ist auch der Prozeß vor dem Synedrium (Mk 14,53–65 par) kritisch durchsiebt worden, bis zur Frage, ob er überhaupt stattgefunden hat. Aber ein historischer Kern dürfte darin doch enthalten sein, daß nämlich die Initiative zur Verhaftung Jesu tatsächlich von der jüdischen Führungsschicht, den „Hohenpriestern und Ältesten", nicht von den Römern ausging und daß wohl ein Verhör stattfand, bei dem die Anklagepunkte zusammengesucht wurden, die ein Verfahren bei der römischen Behörde auslösen konnten. Die Anklage, es handle sich um einen politisch gefährlichen Mann mit messianischen Ambitionen, durfte bei den Römern mit Sicherheit durchschlagen; hier war man äußerst empfindlich und skrupellos. Vorgänge wie der Einzug Jesu in Jerusalem und die Tempelreinigung (vgl. Mk 11,1–11 par; 11,15–19 par), die einen demonstrativen Charakter hatten, auch wenn man die Wirkung nicht überbewerten darf, boten einen gewissen Anhalt, um Jesus, rein äußerlich betrachtet, in einem zelotischen Licht erscheinen zu lassen. Doch ist entschieden festzuhalten, daß in der Sache Jesus und seine Bewegung mit den Zeloten nichts zu tun hatten, auch wenn dies seit *Reimarus* bis *Carmichael* immer wieder einmal behauptet wurde, sowenig wie Johannes der Täufer eine politische Bewegung angestrebt hatte. Beiden ging es um eine radikale, religiös verstandene Umkehr, die allerdings das herrschende jüdische Selbstverständnis und System radikal in Frage stellte. Für die herrschenden Gruppen ist freilich Unruhe als solche immer gefährlich, auch wenn die Motive noch so verschieden sind, und Ruhe des Bürgers erste Pflicht.

Man geht wohl nicht fehl, wenn man die Angst vor möglichen Unruhen und deren eventuellen politischen Folgen als das ausschlaggebende Motiv ansieht, das die jüdische Obrigkeit veranlaßte, gegen Jesus vorzugehen und ihn den Römern auszuliefern. „Ihr seid ganz ohne Einsicht und bedenkt nicht, daß es besser für euch ist, daß ein einzelner Mensch für das Volk stirbt und nicht das ganze Volk zugrunde geht" (Jo 11,49f) – dieses Wort, das nach Johannes der Hohepriester Kaiaphas gesagt haben soll, dürfte den wahren Hintergrund der Verhaftung Jesu, seiner Auslieferung an die römische Macht und seiner Hinrichtung am Kreuz zutreffend interpretieren. So wurde Jesus von Nazareth zum gekreuzigten Messias.

Mit Schulderklärungen, ob „die Juden" die Hauptschuld am Tode Jesu trugen oder „die Römer" oder ob sich die Schuld zu gleichen Lasten auf beide Seiten verteilt, werden wir heute sehr viel zurückhaltender sein als frühere Zeiten. Von einer Kollektivschuld des jüdischen Volkes kann überhaupt nicht die Rede sein, auch wenn sich bereits in den Evangelien Ansätze zu einer derartigen Betrachtungsweise finden. Die Konstellation der Verhältnisse und Mächte war damals so, daß ein Mann wie Jesus deren Opfer werden konnte, vielleicht sogar mußte – wie es auch in der christlichen Geschichte häufig genug geschah, wenn die Vertreter der geistlichen und weltlichen Macht zur Verteidigung ihrer Herrschaft sich zusammentaten.

Nach dem Zeugnis des Neuen Testaments ist die Geschichte Jesu mit dessen Scheitern am Kreuz nicht zu Ende gewesen, sondern sie ging weiter – oder fing erst eigentlich an. Jesu Auferweckung von den Toten, seine von Gott verfügte neue Lebendigkeit ist als solche kein „historisches Datum" mehr, sondern echtes Geheimnis, das sich dem Glauben erschließt. Zwar hat der Glaube einen Anhalt an der Historie, aber er geht darin nicht auf; für ihn hat die Wirklichkeit eine größere Tiefe, die sich dem oberflächlichen Faktenpositivismus entzieht. Es würde zu weit führen, über Entstehung und Bedeutung des Osterglaubens ausführlich zu handeln. Aber wenn wir auf diesen kurzen historischen Aufriß zurückblicken, dann gibt er uns doch wohl einiges zu denken. Die Evangelien bleiben mit ihren Jesus-Berichten durchaus in einer erkennbaren Nähe zur historischen Wirklichkeit damals. Jesus wird nicht zu einem ungeschichtlichen Mythos oder Typus umgestaltet, er wird der Geschichte als dem menschlichen Daseinsbereich in keiner Weise entrückt. Dennoch herrscht eine beachtliche Sorglosigkeit gegenüber dem biographischen und chronologischen Detail. Dies beruht kaum auf Zufall. Vielmehr scheint es zu besagen, daß die eigentümliche geschichtliche Wirkung Jesu mit diesen Mitteln nicht adäquat zu erfassen ist. Das Denkschema der Chronologie und der Fakten erfaßt nur den äußeren Rahmen, nicht aber den entscheidenden Kern, um den es uns bei unserem Fragen nach Jesus geht.

Die vielen Fragezeichen, die wir setzen mußten, die Wissenslücken, die offenblieben, sind nur für eine bestimmte Betrachtungsweise ein ziemlich negatives Ergebnis. Für eine umfassendere Sicht der Gestalt Jesu und seiner geschichtlichen Bedeutung sind sie der Ausgangspunkt für neue Fragen. Wer dabei stehenbleiben wollte, wäre einem Betrachter zu vergleichen, der ein Filmnegativ deshalb tadelt, weil es alles verkehrt herum zeigt und man vieles nur mit Mühe erkennen kann. Er hätte nicht verstanden, daß dieses Negativ nur das unumgängliche Mittel ist, um zu einem deutlicheren Bild zu gelangen.

III. Die Botschaft Jesu vom Reiche Gottes

Nach dem Evangelisten Markus wird der Beginn der Wirksamkeit Jesu folgendermaßen eröffnet: „Nachdem Johannes (der Täufer) ausgeliefert worden war, kam Jesus nach Galiläa, zu verkünden das Evangelium Gottes. Er sprach: ‚Erfüllt ist die Zeit, und die Gottesherrschaft hat sich genaht; kehrt um und glaubt an das Evangelium!'" (Mk 1,14–15.) Der Text, der in seiner vorliegenden Fassung auf Markus zurückgeht, der aber dafür überlieferte Begriffe und Wendungen benützt, will programmatisch den wesentlichen Inhalt der Botschaft Jesu zusammenfassen. Die von Gott im Alten Testament vorhergesagte und von den jüdischen Frommen herbeigesehnte Zeit des Heils ist gekommen. Die Königsherrschaft Gottes steht unmittelbar bevor, ihre Nähe ist bereits zu spüren. Die Menschen sollen umkehren, ihr Bewußtsein und ihr Handeln ändern und der von Jesus verkündigten göttlichen Heilsbotschaft glauben. Man spricht heute viel von der „Sache Jesu". Wenn man genauer danach fragt, was nach dem Zeugnis der Evangelien, vor allem der synoptischen, denn die Sache Jesu gewesen sei, für die er sich engagierte, die den Mittelpunkt seines Wirkens in Wort und Tat gebildet hat, dann ist die Antwort verhältnismäßig einfach: Die Sache Jesu war die Königsherrschaft Gottes, das Reich Gottes. Dies ist der Zentralbegriff der Verkündigung Jesu, von dem das Ganze seiner Botschaft getragen und erhellt wird. Dafür hat Jesus gelebt und gewirkt, und dafür ist er auch gestorben.

Doch was ist mit diesem Begriff der Gottesherrschaft oder des Reiches Gottes näherhin gemeint? Wenn wir vom neutestamentlichen Sprachgebrauch ausgehen, dann finden wir die Ausdrücke „Reich Gottes", so vor allem bei Markus und Lukas, und „Himmelreich" bei Matthäus. Beide Ausdrücke bedeuten sachlich dasselbe, nur schließt Matthäus sich mehr dem jüdischen Empfinden an, indem er den Gottesnamen durch die Abstraktbildung „Himmel" ersetzt. Man hat viel darüber diskutiert, ob man den griechischen Ausdruck „basileía toû Theoû" besser mit „Reich Gottes" oder mit „Königsherrschaft Gottes" bzw. „Gottesherrschaft" wiedergeben sollte. Denn es handelt sich nicht um ein „Reich" im Sinne eines Gebietes, auch nicht um einen Bereich im Jenseits im Unterschied zur Welt, worüber Gott herrscht, sondern um einen Zustand oder um ein Geschehen, in dem Gott seine Herrschaft aufrichtet, wo er als Herr und König handelt. Die Gottesherrschaft ist der Ausdruck der göttlichen Dynamis, des göttlichen Regiments. Aber zugleich meint die Gottesherrschaft auch den endzeitlichen Heilszustand, der dem bösen, ungerechten, von den verschiedensten Unheilsmächten beherrschten, gottwidrigen gegenwärtigen Zustand der Welt ein Ende bereitet und die neue Welt Gottes heraufführt. So meint es die Bitte im Vaterunser: „Dein Reich komme" (Mt 6,10). Im Begriff der Gottesherrschaft kommt mehr der dynamische, gegenwartsbezogene Charakter des göttlichen Herrschens zum Vorschein, im Begriff des „Reiches Gottes" dagegen mehr der endgültige Heilszustand, auf den das machtvolle Wirken Gottes hinzielt. Beide, der Gegenwartsbezug und der Zukunftsaspekt des Reiches Gottes, gehören innerlich eng zusammen und dürfen nicht voneinander getrennt werden.

Der Gedanke der Königsherrschaft Gottes hat seine Wurzeln im Alten Testament, wo es etwa heißt: „Der Herr ist König! Es juble die Erde, die vielen Inseln sollen sich freuen! Gewölk und Dunkel rings um ihn her, Gerechtigkeit und Recht sind seines Thrones Stützen" (Ps 97,1–2). So wird im alttestamentlichen Gottesdienst die allumfassende Königsherrschaft Gottes gepriesen und den Menschen als segensreiches Walten Gottes verkündigt. Aber bei Jesus ist der Gedanke der Königsherrschaft Gottes eschatologisch geprägt. Das „Reich Gottes" ist der zusammenfassende Begriff für das eschatologische Heil, für die Fülle alles dessen, was die Menschheit als Frieden, Glück, Freude und vollkommene Seligkeit ersehnt. Wenn Gott seine Herrschaft aufrichtet, dann hat das Böse in der Welt ein Ende, dann fängt das Heil an.

Man müßte also genauer von der HEILSHERRSCHAFT GOTTES reden, deren Nähe oder Anbruch Jesus verkündet. Das unterscheidet den zentralen Gedanken Jesu auch von der Auffassung der Zeloten, die ebenfalls dafür eintraten, daß über Israel Gott allein Herr und König sein solle, und die es als Widerspruch zur Gottesherrschaft empfanden, wenn die feindlichen Weltmächte wie die Römer, das jüdische Volk unterjochten. Dieses politische Verständnis der Gottesherrschaft finden wir bei Jesus nicht, obwohl dies öfter behauptet wurde. Die Fremdmächte, die das menschliche Dasein beherrschen, sind für Jesus nicht politischer Art, sondern die Mächte des Bösen, der Haß, die menschlichen Egoismen, Zwietracht und Ungerechtigkeit, die Lebenslüge, die sehr verschiedene Formen annehmen können, aber auch Leiden, Krankheit und Tod. Die Gottesherrschaft ist vor allem dadurch gekennzeichnet, daß sie den Menschen von diesen Unheilsmächten befreit. Denn Gott will das Heil und das Leben seiner Kreatur, nicht ihre Zerstörung. Wenn also Jesus die Gottesherrschaft als seine besondere Sache betrachtet, dann geht es ihm letztlich darum, klarzumachen, daß Gottes Art und Wesen durch seinen unbedingten Heilswillen gegenüber der Welt und der Menschheit bestimmt ist, daß also Gott nichts anderes will als die Rettung der Welt und des Menschen. Rein äußerlich gesehen, greift Jesus in seiner Botschaft zweifellos den Gedanken der eschatologischen Naherwartung auf, der damals im Judentum verbreitet war, wenn er sagt: „Die Gottesherrschaft ist nahe.“ Aber er gibt diesem Gedanken eine besondere Wendung, indem er das Reich Gottes nicht mehr auf eine ferne, unbestimmte Zukunft vertagt, sondern es bereits für die gegenwärtige Weltzeit in seiner Wirksamkeit zur Geltung bringt. Das heißt, Jesus interpretiert das zukünftige Heil so, daß es von der Zukunft her schon jetzt in dieser Welt den Menschen angeht. Jesus macht in einer letzten radikalen Weise mit der Zukunftserwartung, daß Gott das Heil seines Volkes und der Geschichte will, ernst und mutet daraufhin dem Menschen zu, schon aus der Gegenwart des göttlichen Heilswillens heraus zu leben, sogar gegen den Augenschein der bestehenden Verhältnisse.

Um das Wesen der Gottesherrschaft zu verdeutlichen, bedient Jesus sich vor allem der Gleichnisrede:

„Mit der Gottesherrschaft verhält es sich wie mit einem Mann, der Samen auf das Land streut und dann schläft und aufsteht, Nacht für Nacht und Tag für Tag, und der Same sproßt und wächst, wie, weiß er selbst nicht. Von selbst bringt die Erde Frucht, zuerst das Grün, dann den Halm, endlich volles Getreide in der Ähre. Sobald

die Frucht es zuläßt, schickt er die Sichel aus, denn die Ernte ist da" (Mk 4, 26–29).

Die Denkweise der Alten sieht im Wachstum des Getreides ein geheimnisvolles Geschehen, das gleichsam automatisch vor sich geht. Der Bauer braucht nur den Samen auszustreuen und alles weitere Geschehen sich selbst zu überlassen. Erst bei der Ernte tritt er wieder in Tätigkeit. Genauso verhält es sich mit der Gottesherrschaft. Ihr Kommen ist geheimnisvoll, es vollzieht sich so gewiß wie das Wachstum des Getreides, ohne menschliches Zutun. Nur die Aussaat, wie sie in der Verkündigung Jesu erfolgt, ist von Bedeutung. Alles andere kann man getrost dem Wirken Gottes überlassen, der sein Heilswerk mit Sicherheit vollenden wird.

Oder die Gottesherrschaft wird als ein großer Glücksfund geschildert:

„Mit dem Himmelreich verhält es sich wie mit einem im Acker verborgenen Schatz. Den fand ein Mensch und verbarg ihn wieder, und vor lauter Freude ging er hin und verkaufte alles, was er hatte, um jenen Acker kaufen zu können.

Weiter verhält es sich mit dem Himmelreich wie mit einem Kaufmann, der edle Perlen sucht. Als er eine besonders kostbare Perle fand, ging er hin und verkaufte alles, was er hatte, und kaufte sie" (Mt 13,43–46).

In diesem Doppelgleichnis vom Schatz im Acker und von der kostbaren Perle werden Bilder aufgenommen, die den alles überragenden Wert der Gottesherrschaft zum Ausdruck bringen und sie als das höchste Glück des Menschen bezeichnen, für das sich der ganze Einsatz des Lebens und aller Güter lohnt. – Einen anderen Gesichtspunkt zeigt das Kontrastgleichnis vom Senfkorn:

„Und er sprach: ‚Womit kann man die Gottesherrschaft vergleichen, oder worin sollen wir ein Gleichnis für sie sehen?

Sie ist wie ein Senfkorn, das, wenn es aufs Land gesät wird, kleiner ist als alle Samenkörner auf Erden;

ist es aber gesät, dann wächst es und wird größer als alle Gewächse und bekommt große Zweige, so daß in seinem Schatten die Vögel des Himmels nisten können'" (Mk 4,30–32).

Kleiner, äußerst unscheinbarer Anfang und überraschendes, großartiges Ende werden da einander gegenübergestellt. Die Botschaft von der Gottesherrschaft und der Glaube daran erscheinen in der Welt zunächst kümmerlich und ohne Aussicht, daß etwas Besonderes daraus werden könnte. Aber das Ende wird zeigen, daß Gottes Sache in überragender Weise zu ihrem Ziel gelangt.

Man muß sich in diese äußerst sparsamen Kurzgeschichten der Gleichnisse vertiefen, um ihren Sinn zu begreifen. Es handelt sich bei ihnen nicht um Erzählungen, die einen überzeitlichen Wahrheitsgehalt veranschaulichen wollen, sondern sie möchten zeigen, was es mit der eschatologischen Gottesherrschaft auf sich hat und wie es dabei zugeht, was es für den Menschen bedeutet, wenn er sich auf diese Sache einläßt. Sie beziehen sich ganz ursprünglich auf die Situation der Verkündigung Jesu im zeitgenössischen Judentum. Dort erwartete man das Kommen des Endes in großartigen Erscheinungen und öffentlichen Zeichen, als einen Umsturz der bestehenden Verhältnisse und Ordnungen, als Weltkatastrophe und als Aufglanz einer völlig neuen Welt. Aber davon finden wir in der ältesten Jesusüberlieferung nichts, auch wenn die nachösterliche Gemeinde apokalyptisches Gedankengut dieser Art aufgriff und in ihren Darstellungen verwendete, wie in der kleinen „synoptischen Apokalypse“ (Mk 13) und in der großen „Johannesapokalypse“.

„Als er von den Pharisäern gefragt wurde: Wann kommt denn die Gottesherrschaft? da gab er ihnen zur Antwort: Die Gottesherrschaft kommt nicht mit großem Aufwand, auch kann man nicht sagen: Schaut, hier ist sie, oder dort! Denn siehe: Die Gottesherrschaft ist in eurer Mitte!“ (Lk 17, 20–21.)

Das Kommen der Gottesherrschaft läßt sich eben nicht an überwältigenden Erscheinungen am Himmel oder auf Erden erkennen. Vermutlich wollen die Wachstumsgleichnisse ähnliche Fragen beantworten, wie sie in diesem Text von den Pharisäern gestellt wurden. Wenn die Gottesherrschaft kommt, dann muß nach jüdischer Auffassung die ganze Welt sich verändern, man muß es auch äußerlich konstatieren können. Darauf antworten die

Gleichnisse: Nein, so gerade nicht! Das Kommen der Gottesherrschaft fängt ganz anders an, sie ist bereits unter den gegenwärtigen Verhältnissen da, und dies kann sich nur auf die Verkündigung Jesu beziehen, wo sie ihren, menschlich gesehen, unscheinbaren Anfang nimmt, der nur von offenen Augen und Ohren wahrgenommen wird. Ebendarum geht es, in der Botschaft und im Wirken Jesu selbst ihren Anfang, ihre Nähe zu erkennen; zu sehen, daß hier bereits das von Gott dem Menschen zugedachte Heil sich zu verwirklichen beginnt. Im übrigen ist ihr definitives und offenbares Kommen am Ende nicht Sache des Menschen, sondern Gottes Sache. Aber dem Glaubenden ist dieses strahlende Ende durch die große Verheißung Jesu gewiß, so daß er nicht daran zweifelt.

Der Gegensatz, wie die Kontrastgleichnisse ihn schildern, sagt uns etwas sehr Genaues über das Wesen der Gottesherrschaft: Man kann ihr Kommen und ihre Art nicht nach weltlichen Erfolgsmaßstäben messen, die sind dafür völlig untauglich. Im Gegenteil, nach menschlichem Urteil bietet der gegenwärtige Zustand der Welt und der Menschheit keine überzeugenden Gründe für das zukünftige Endheil oder dafür, daß das menschliche Leben und die Geschichte nicht auf eine Katastrophe zulaufen und im Chaos versinken. Aber auch die befinden sich im Irrtum, die meinen, durch menschliche Aktivitäten, durch Gewaltaktionen und Revolutionen den endgültigen Heilszustand für die Menschheit herbeiführen zu können. Nur der Glaube an die geschichtstranszendente Herrschaft Gottes, der sich auf die Verheißung Jesu gründet, kann den Menschen dazu bewegen, inmitten dieser Welt, wie wir sie täglich erfahren und wie sie auch Jesus in seiner Zeit nicht anders erfahren hat mit all ihrem Unglück und ihrer Ungerechtigkeit, mit ihren Kriegen usw., sich nicht durch die bestehenden Verhältnisse bestimmen zu lassen, sondern aus der Heilsgewißheit heraus zu leben und von daher auch das ganze Leben zu gestalten. Denn eben dieses will die Botschaft Jesu von der Nähe der Gottesherrschaft bewirken, daß der Mensch sich nicht mehr von den vordergründigen schlechten Erfahrungen bestimmen lasse, sondern vom Glauben an das verheißene überragende

Glück. Gleichwohl handelt es sich nicht nur um den Glauben an die zukünftige Erfüllung im „Jenseits", sondern, und darin liegt der entscheidende Punkt, die unbedingte Heilsgewißheit, wie Jesus sie vertritt, führt dort, wo sie angenommen wird, zu einer neuen Grundeinstellung des Menschen zum Leben, zur Welt, zum Mitmenschen und auch zu einer neuen Praxis.

In seiner Botschaft von der Gottesherrschaft geht Jesus radikal und bedingungslos vom göttlichen Heilswillen aus. Dieser unbedingte Heilswille Gottes, das ist die letzte und eigentliche Voraussetzung, die Jesus erfüllt und seine gesamte Botschaft durchdringt. Eben diese Voraussetzung spricht sich im Gedanken der göttlichen Heilsherrschaft aus, sie läßt sich als solche nicht mehr weiter begründen. Sie macht auch die Botschaft Jesu zum Evangelium, zur eschatologischen Freudenbotschaft. Wir werden immer wieder darauf zurückkommen. Denn hier liegt die tiefste religiöse Grunderfahrung Jesu, daß Gott in einer grenzenlosen Liebe derjenige ist, der das Glück und die Seligkeit des Menschen will, und zwar ohne alle Vorleistungen des Menschen, ohne Kasteiungen, Opfer, und ohne daß er zuerst gerecht sein müßte. Darum kann der Mensch auch die Gottesherrschaft sich nur schenken lassen. *„Wahrhaftig, ich sage euch: Wer die Gottesherrschaft nicht empfängt wie ein Kind, wird in sie nicht eingehen"* (Mk 10,15).

Mit diesem Wort und seiner bekannten Abwandlung bei Matthäus: „Wenn ihr nicht umkehrt und werdet wie die Kinder, werdet ihr nicht in das Himmelreich eingehen" (Mt 18,3), ist nicht auf die kindliche Unschuld oder ähnlich romantische Vorstellungen reflektiert, sondern auf die vollständige Abhängigkeit und Bedürftigkeit des Kindes. Das Kind ist in seiner ganzen Existenz davon abhängig, was die Erwachsenen für es tun; es steht noch nicht im gesellschaftlichen Leistungsprozeß. Es muß vielmehr alles empfangen, sich schenken lassen. Gegenüber der Gottesherrschaft gibt es für den Menschen keine andere Haltung, genauso wie man unter den Menschen Freundschaft, Liebe, Güte nicht erzwingen oder mit Geld kaufen kann. Hier würden Zwang, Leistung oder rechenhaftes Verhalten alles Wichtige gründlich zerstören. Die Gottesherrschaft steht ganz im Zeichen der göttlichen Freiheit und Liebe; ja sie ist nichts anderes als die vollkommene Freiheit, die sich in der Liebe gewährt und den Menschen, der sie vorbehaltlos empfängt, selbst in eine neue Freiheit bringt. Dem Menschen, der sich hauptsächlich von seinem Erfolg oder von seinen Leistungen her versteht, ist das freilich kaum klarzumachen, mögen diese Leistungen in einer frommen und strengen Gesetzeserfüllung bestehen, im Bewußtsein der Pflicht oder im ökonomischen Erfolgs- und Leistungsdenken der Gegenwart.

Es ist deshalb nicht verwunderlich, wenn Jesus mit seiner Botschaft vor allem bei den Menschen ankam, die keine religiösen oder sozialen Leistungen aufzuweisen hatten, bei den „Armen", gesellschaftlich Ausgestoßenen und Entrechteten, bei den „Sündern" und problematischen Existenzen. Ihnen vor allem gelten die Seligpreisungen, wie sie uns bei Lukas und etwas anders bei Matthäus überliefert sind.:

„Glücklich seid ihr Armen, denn euch gehört das Reich Gottes!
Glücklich seid ihr, die ihr jetzt hungert, denn satt sollt ihr werden!
Glücklich seid ihr, die ihr jetzt weint, denn ihr werdet lachen!
Glücklich seid ihr, wenn euch die Menschen hassen, wenn sie euch verstoßen und schmähen und euren Namen als Schimpfwort gebrauchen um des Menschensohnes willen!
Freut euch an jenem Tag und tanzt! Denn siehe, euer Lohn ist groß im Himmel. Genauso haben es ihre Väter mit den Propheten gemacht" (Lk 6,21–23; vgl. Mt 5,3–12).

IV. Das neue Gebot

Im Johannesevangelium heißt es:

„Ich gebe euch ein neues Gebot: Ihr sollt einander lieben, so wie ich euch geliebt habe, damit ihr einander lieben sollt. Daran werden alle erkennen, daß ihr meine Jünger seid, wenn ihr Liebe habt zueinander" (Jo 13,34–35).

Mit Recht gilt Jesus weithin als der Lehrer eines neuen Verhaltens, einer neuen Moral, deren höchstes Prinzip die Liebe ist. Für den vierten Evangelisten ist die Liebe überhaupt das einzige Gebot, das er von Jesus überliefert. Aber auch die ethischen Weisungen, die bei den Synoptikern vorkommen, gehen letztlich auf die Liebe zurück und finden dort ihre Begründung:

„Und es fragte ihn... ein Gesetzeslehrer, um ihn zu prüfen: ‚Meister, welches Gebot ist das größte im Gesetz?'

Und er sagte zu ihm: ‚Du sollst den Herrn, deinen Gott, lieben aus deinem ganzen Herzen und aus deiner ganzen Seele und aus deiner ganzen Gesinnung.

Dieses ist das erste und größte Gebot. Ein zweites ist diesem gleich: Liebe deinen Nächsten wie dich selbst.

An diesen zwei Geboten hängt das ganze Gesetz und die Propheten'" (Mt 22,35–40).

So lautet nach Matthäus die Fassung des „Hauptgebotes der Liebe" (vgl. auch Mk 12,28–34). Man hat darauf hingewiesen, daß die beiden Glieder des Hauptgebotes eigentlich nichts Neues brächten, was nicht schon im Alten Testament stünde. Das ist richtig. Das Gebot der Gottesliebe findet sich bereits im Buch Deuteronomium (Dt 6,4f): „Höre, Israel, der Herr ist unser Gott, der Herr allein. Und du sollst den Herrn deinen Gott lieben aus ganzem Herzen, aus ganzer Seele und mit all deiner Kraft." Der Text bildete später den Anfang des „Sch'ma jisroel", des von jedem männlichen Juden täglich zu verrichtenden Hauptgebets. Seit den Tagen des Rabbi Aqiba bis in die Todeskammern von Auschwitz sind gläubige Juden mit diesem Bekenntnis auf den Lippen in den Tod gegangen. Bereits im Deuteronomium ist dieses Gebot als das alles tragende Hauptgebot gemeint.

Aber auch das Gebot der Nächstenliebe steht schon im Alten Testament (Lv 19,18), wo es heißt: „Sei nicht rachsüchtig, und trage den Söhnen deines Volkes nichts nach, sondern liebe deinen Nächsten wie dich selbst: Ich bin der Herr." Der Vergleich zeigt allerdings einen wichtigen Unterschied. Nach der Leviticus-Stelle wird als Gebot für Israel das Verhältnis der Volksgenossen untereinander durch die Verpflichtung zur Nächstenliebe geordnet. Im neutestamentlichen Text hingegen steht das Gebot der Nächstenliebe ganz lapidar und ohne jede Einschränkung da. Jede Grenze ist gefallen. Maßstab der Nächstenliebe ist die „normale“ Einstellung, die der Mensch zu sich selbst hat. Es wird vorausgesetzt, daß man sich selber liebt, und genau dies ist auch der Maßstab, der für die Nächstenliebe gilt; er ist praktisch unbegrenzt.

Worin liegt nun das „Neue“, das Jesus gebracht hat? Es liegt darin, daß Gottesliebe und Nächstenliebe so direkt nebeneinandergestellt und miteinander verkoppelt werden. Bezeichnend dürfte sein, daß der Gottesliebe der Begriff der „Ganzheit“, der Nächstenliebe hingegen Schrankenlosigkeit und faktische Unbegrenztheit zugeordnet werden. Natürlich geht es dabei um die eine Liebe, die als solche nicht geteilt werden kann. Gleichwohl sind Gottesliebe und Nächstenliebe nicht identisch. Es ist also nicht so gemeint, daß die Liebe zum Mitmenschen schon als solche Gottesliebe wäre und Gott gleichsam durch die Mitmenschlichkeit ersetzt würde. Das wäre ein arges Mißverständnis. Denn der Mitmensch kann wohl kaum als solcher absoluter Gegenstand meiner Liebe sein, weil dabei die Grenzen und Fehler, die jeder hat, übersehen würden und es dann zu tragischen Konflikten kommen muß. Oder richtiger gesagt, der Grund einer radikalen Liebe zum Mitmenschen, die sich nicht auf ein ideales Bild vom andern erstreckt, sondern dem jeweils konkreten wirklichen Menschen gilt, wie er leibt und lebt, also dem Menschen mit seinen Grenzen und Fehlern, kann nicht im Menschen selber ihren Grund haben, sondern nur in der absoluten Liebe selbst, die von Gott kommt und sich auf Gott richtet.

Wie man die Liebe zu Gott recht verstehen soll, hat vielleicht niemand besser gesagt als *Augustinus:* „Wenn man die Liebe liebt, dann liebt man Gott.“ Die Liebe ist selbst, als Gottes Wesen, der absolute Grund und Maßstab aller Liebe. Auf die Frage, was man denn unter Liebe verstehen soll, da viele Menschen mit diesem Wort oft sehr Verschiedenes meinen, wäre vielleicht zu antworten: Was Liebe ist, läßt sich kaum definieren. Ich würde auch meinen, daß die häufig gemachte Unterscheidung zwischen Sexus, Eros und Agape im letzten unzureichend ist. Liebe bezieht sich auf alles menschliche Verhalten; ihr eigentliches Kriterium ist wohl die Praxis, die Tat der Liebe. Liebe erkennt man daran, daß sie für die andern etwas tut; sie zeigt sich darin, daß ich für andere da bin und nicht nur für mich selber. Wenn ich also den anderen Menschen nicht mehr sehe im Hinblick auf mich, auf meine eigenen Bedürfnisse und Vorteile, sondern mein eigenes Verhalten nach den Bedürfnissen des andern ausrichte. Im mitmenschlichen Dasein kommt es dabei wohl auf die Gegenseitigkeit der Liebe an, auf das „einander lieben". Wie weit ich dabei gehen kann, darf oder soll, läßt sich nicht von vornherein festlegen. Nach ihrer eigenen Dynamik kennt die Liebe keine Grenzen.

Diese Öffnung ins Unbegrenzte und Weite macht das Besondere des Hauptgebotes aus. Jede gesetzliche Enge ist damit ausgeschlossen, aber auch jede willkürliche Einschränkung auf einen bestimmten Personenkreis, etwa auf die Mitglieder der eigenen sozialen Gruppe, des eigenen Volkes, der eigenen Rasse unter Ausschluß anderer, der eigenen Kirche, Partei oder Klasse usf. Nach dem Hauptgebot der Liebe haben alle Menschen gleichen Rang und gleiche Würde. Wo es dennoch zu Abgrenzungen kommt, da wird man die Liebe im Sinne Jesu daran erkennen, daß sie sich eben nicht an diese Grenzen hält, sondern auf jede Weise versuchen wird, sie zu überwinden, vielleicht sogar unter Einsatz des Lebens. Bei Matthäus ist das Doppelgebot der Liebe ausdrücklich als oberstes Prinzip gefaßt, von dem das gesamte Rechtsverhalten abgeleitet werden kann, an dem es aber auch immer neu zu messen ist. Der Glaube an den unbedingten göttlichen Heilswillen, wie er in der Reichsbotschaft Jesu zur Sprache kommt, wird in der Welt durch das Tun der Liebe konkret.

Was man als die „Ethik Jesu" zu bezeichnen pflegt, gewinnt seine besonderen Konturen in der Gegenüberstellung zur alttestamentlich-jüdischen Gesetzesfrömmigkeit, wie sie vor allem von den

Kreisen der Pharisäer, Essener und Zeloten gepflegt wurde. Gewiß gibt es auch bei den jüdischen Rabbinen Aussprüche, die versuchen, das Wesen der Frömmigkeit auf eine einzige Formel zu bringen, wie in dem berühmten Spruch des *Antigonos von Socho:* „Seid nicht wie Knechte, die dem Herrn dienen in der Absicht, Lohn zu empfangen, sondern seid wie Knechte, die dem Herrn dienen ohne die Absicht, Lohn zu empfangen, und es sei Gottesfurcht über euch" (Abot I,3). Aber solche Zusammenfassungen führten im Judentum niemals dazu, den Bereich der Gesetzesfrömmigkeit zu begrenzen oder eine kritische Auswahl unter den Geboten zu treffen. Für Jesus dürfte aber gerade dies charakteristisch sein, daß die Liebe zum Kriterium der gesamten Frömmigkeit wie des gesamten Verhaltens gemacht wurde. Das Verhältnis Jesu zur Tora und zur Gesetzeskasuistik ist ein grundlegend anderes, als wir es sonst aus dem Judentum kennen. Das zeigt vor allem die große Redenkomposition bei Matthäus (Kap. 5–7), die man gewöhnlich als „Bergpredigt" bezeichnet und die weithin als das eigentliche Modell der Ethik Jesu gilt (vgl. dazu Lk 6, 20–49, die „Feldrede"). Dort heißt es wohl: „Glaubt nicht, ich sei gekommen, das Gesetz oder die Propheten abzuschaffen; nicht um abzuschaffen, bin ich gekommen, sondern um sie zu erfüllen" (Mt 5, 17). Hinzugefügt wird noch, daß eher Himmel und Erde vergehen würden, als das kleinste Jota des Gesetzes; nicht einmal dieses dürfe man verwerfen (vgl. Mt 5, 18–19).

Wenn man diese Verse, über deren Auslegung viel diskutiert wurde, richtig verstehen will, dann muß man vom praktischen Verhalten Jesu, wie die Evangelien es sonst bezeugen, ausgehen. Dann ist sofort klar, daß es Jesus nicht mehr um die Erfüllung des kleinsten Gesetzesbuchstabens gegangen ist. Jesus hat das Sabbatgebot viel freier gehandhabt als die pharisäischen Kreise. Auch für die Gesetzeskasuistik, die „Überlieferungen der Väter", die ebenfalls in den Kreisen der Pharisäer eine große Rolle spielten, gibt es bei Jesus keine Analogien. Er hat vielmehr zwischen dem ursprünglichen Gotteswillen und den „Menschensatzungen" genau unterschieden und den Widerspruch zwischen beiden aufgedeckt: „Großartig verabschiedet ihr das Gebot Gottes, um eure Tradition zu halten“ (Mk 7,9).

Der „Zaun um die Tora“ hat Jesus wenig gekümmert. Und während für die radikal gesetzlichen Kreise, Pharisäer wie Essener, die Einhaltung der priesterlichen Reinheitsvorschriften im Alltag ein äußerst wichtiges Anliegen war, scheint gerade dieser Komplex für Jesus keinerlei Bedeutung gehabt zu haben. Der Spruch „Hört mich alle und begreift: Nichts, was von außen an den Menschen herankommt, kann ihn unrein machen; sondern was den Menschen unrein macht, kommt aus dem Innern des Menschen“ (Mk 7, 14f) bürgt gerade in seiner Radikalität, mit der hier sämtliche Heiligkeitstabus abgelehnt werden, für echte Jesus-Tradition. Die Emanzipation vom jüdischen Gesetz, wie sie in der Urkirche zunächst zögernd vollzogen wurde, um später in der paulinischen „Freiheit vom Gesetz“ zu vollem Durchbruch zu kommen, wäre historisch wohl kaum denkbar, wenn sie nicht bei Jesus selbst ihren entscheidenden Ursprung hätte.

In der Bergpredigt wird eine Reihe von Weisungen Jesu eingeleitet mit der formelhaften Wendung: „Ihr habt gelernt, daß zu den Alten gesagt wurde... Ich aber sage euch...“ (vgl. Mt 5,21–48). Danach hat Jesus dem überlieferten Toraverständnis seine eigene Auslegung als die wahre Verkündigung des Gotteswillens gegenübergestellt. Nicht erst der vollbrachte Mord ist schwere Schuld, sondern feindseliges Verhalten gegen den Mitmenschen überhaupt. Nicht erst der geschehene Ehebruch macht den Menschen vor Gott schuldig, sondern bereits die ehebrecherische Gesinnung. Wahrhaftige Rede bedarf des Eides nicht mehr. Das Böse wird nicht durch juristisch strenge Vergeltung aus der Welt geschafft, sondern durch großzügige Güte, die stark und weit genug ist, um das Böse in seinen Wurzeln zu überwinden. Hier handelt es sich nicht um „Toraverschärfung“ im Sinne einer verabsolutierten Gesetzlichkeit. Diese Gerechtigkeit, die, wie Matthäus sagt, weit über die Gerechtigkeit der Schriftgelehrten und Pharisäer hinausgehen soll (Mt 5, 20), meint ein ganz neues Verhalten, das alles gesetzliche Denken überhaupt hinter sich läßt und mit kasuistischen Regelungen nicht mehr zu erfassen ist.

Das Umdenken, auf das diese Weisungen hinauswollen, ist so radikal, daß es den innersten Kern der menschlichen Lebenseinstellung, das „Herz des Menschen", verändern muß. Die konventionellen Regeln der Moral und des Verhaltens werden hier selber kritisch hinterfragt mit dem Ziel, eine Bekehrung und Veränderung durch die Liebe selbst einzuleiten. Der von der Liebe Ergriffene kann mit diesen Weisungen etwas anfangen, ihm werden sie einsichtig als Beispiele eines von der Liebe durchdrungenen Verhaltens, das auch den menschlichen Konflikten anders als mit den konventionellen Mitteln des Rechts und der Moral beizukommen sucht.

Wie das berühmte „Gleichnis vom barmherzigen Samariter" (Lk 10,29–37) lehrt, wird bei Jesus der Mitmensch in seiner konkreten, hilfsbedürftigen Situation für das rechte Verhalten entscheidend wichtig. Der Priester und der Levit, die an dem von den Banditen übel zugerichteten Mann vorübergehen, sind die Vertreter einer Gesetzlichkeit, die sich an die starren Regeln hält und sich von nichts mehr ansprechen läßt, was außerhalb dieses gesetzlich eingeengten Horizontes liegt. Der von den Juden verachtete Samariter hingegen läßt sich von der Situation betreffen; er unterbricht seine Reise und sorgt für den Verwundeten so lange und so weit, bis ihm tatsächlich geholfen ist. Dabei erfolgt eine interessante Umkehrung der Fragestellung. Der Gesetzeslehrer, dem Jesus die Geschichte erzählt, hatte gefragt: „Wer ist denn mein Nächster?" Er wollte offenbar ein Rezept dafür haben, wie weit seine Nächstenliebe gehen darf und soll. Ihm antwortet Jesus am Schluß mit der Gegenfrage: „Wer von den dreien, meinst du, ist für den unter die Banditen Gefallenen zum Nächsten geworden?" Worauf der Gesetzeslehrer antworten muß: „Der ihm Barmherzigkeit getan hat." Der Samariter erst hat das Verhältnis zum Nächsten als Mitmenschlichkeit realisiert durch sein Verhalten. Allgemein gesagt, wahre Mitmenschlichkeit, wie sie hier vorbildlich dargestellt wird, ist nicht etwas Vorgegebenes, sondern sie ist ein schöpferisches, aktives Verhalten, das die fremde Notsituation wahrnimmt und dazu sich alles einfallen läßt, was zu einer wirksamen Hilfe gebraucht wird. Sie ist ein Verhalten produktiver Phantasie und eines entschlossenen Handelns.

Für die Ethik Jesu ist es wichtig, daß eine starre Gesetzesordnung nicht mehr genügt, um jeweils vorzuschreiben, was zu tun und was zu lassen sei, sondern daß der Mitmensch an die Stelle des Gesetzes tritt und daß seine Bedürfnisse bestimmen, was jeweils in der konkreten Situation zu geschehen hat. Die Liebe macht den Menschen hellsichtig für die wahren Bedürfnisse des Nächsten. Das Wort „Der Sabbat ist für den Menschen da, nicht der Mensch für den Sabbat" (Mk 2,27; vgl. Mk 2,23–28) bringt die von Jesus vollzogene Umkehrung schlagend zum Ausdruck. Jedes Gesetz und jede menschliche Ordnung haben ihr Kriterium daran, ob und wieweit sie dem Wohl des Menschen dienen. Gut ist eine Ordnung, die für den Menschen da ist, die also dem Wohle des Menschen entspricht; genau dies ist der Wille Gottes. Schlecht wird die Sache, wenn man eine Ordnung verabsolutiert und ihr die menschlich wichtigen Belange opfert.

Nach Matthäus ist das Gebot der Feindesliebe der Höhepunkt der von Jesus geforderten neuen Gerechtigkeit:
„Ihr habt gelernt, daß es heißt: Liebe deinen Nächsten, und hasse deinen Feind!
Ich aber sage euch: Liebt eure Feinde und betet für eure Verfolger, um Söhne eures himmlischen Vaters zu werden, der seine Sonne aufgehen läßt über Böse und Gute und über Gerechte und Ungerechte regnen läßt.
Wenn ihr nur die liebt, die euch lieben, was habt ihr davon? Tun das nicht auch die Zöllner? Und wenn ihr nur eure Brüder grüßt, was tut ihr dann Besonderes? Tun das nicht auch die Heiden?
Ihr jedoch sollt vollkommen sein, wie euer himmlischer Vater vollkommen ist" (Mt 5, 43–48).

Bei dieser Weisung geht es nicht um Vollkommenheit im Sinne des höchsten sittlichen Ideals, sondern um die vollkommene Nachahmung Gottes. Die göttliche Liebe in ihrer grenzenlosen

Weite, die bei der Verteilung von Sonnenschein und Regen zwischen Guten und Bösen keinen Unterschied macht, die nicht nach Verdienst und Würdigkeit fragt, soll von den Menschen genauso weit und großzügig nachvollzogen werden. Der „Feind“ ist ja für den Menschen, was die Liebe angeht, der Fremde, Entfremdete und Ausgeschlossene schlechthin, mag solche Entfremdung persönlichen oder kollektiven Charakter haben. Die Liebe freilich soll sich mit den Entfremdungen nicht abfinden. Sie soll vielmehr die Kraft aufbringen, aus Feinden Brüder zu machen. Dies ist das Äußerste, was ihr zugemutet wird, daß sie die vielfachen Gräben zwischen den Menschen soll überbrücken können. Die Überwindung von Haß, Unfrieden, Zwietracht und Aggression bleibt ihre fortwährende Aufgabe.

Hier wird noch einmal deutlich, wie sehr die Liebe, wie Jesus sie gelehrt hat, vom Heilscharakter seiner Verkündigung geprägt ist. Das besagt nun keineswegs, daß sie nur von den Gläubigen praktiziert werden könnte. Der Samariter gehörte nach jüdischer Meinung nicht zur orthodoxen Gemeinde der Frommen, gerade er hat richtig gehandelt. Faktisch bedeutet das Gebot der Liebe eine Ausweitung des rechten Verhaltens ins Allgemein-Menschliche, weil letztlich der Mensch als solcher Ziel und Gegenstand der göttlichen Liebe ist. So gesehen, impliziert die Heilsbotschaft Jesu ihrer ureigensten Grundtendenz nach eine universale Humanität.

V. Der menschenfreundliche Gott

Die Heilsbotschaft Jesu von der Nähe des Reiches Gottes und die neue eschatologische Ethik, wie Jesus sie verkündigt, sind nicht denkbar ohne eine besondere Gotteserfahrung Jesu. So wie die alttestamentlichen Propheten in ihrer Botschaft eine eigentümliche Gotteserfahrung voraussetzen, die sich dann jeweils in ihrer Botschaft artikuliert und niederschlägt, muß dies auch für Jesus angenommen werden. Bezeichnend ist jedoch, daß das Neue Testament kaum ein besonderes Ereignis kennt, das uns sagen würde, wie Jesus zu dieser Gotteserfahrung kam. Sie ist in seiner Botschaft präsent, und zwar vom Beginn seiner Wirksamkeit an. Vielleicht darf man die Taufgeschichte noch am ehesten in diesem Sinne verstehen:

„Und es geschah in jenen Tagen, da kam Jesus von Nazareth in Galiläa und wurde von Johannes im Jordan getauft.
Und sobald er aus dem Wasser stieg, sah er die Himmel gespalten und den Geist wie eine Taube auf sich herniedersteigen.
Und eine Himmelsstimme: ‚Du bist mein geliebter Sohn, an dir habe ich Wohlgefallen'" (Mk 1,9–11).

Die älteste Fassung der Taufgeschichte nach Markus hat die ganze Szene als messianische Berufungsgeschichte oder Amtseinführung gestaltet, die nur Jesus selbst betrifft, während die beiden anderen Synoptiker daraus eine Offenbarungsgeschichte für die Öffentlichkeit machten. Der Gottesgeist, der auf Jesus herabkommt, ist zu verstehen als messianische Geistbegabung (vgl. Jes 11,1–9; 61,1–3). Mit ihr ist dann auch die Bestimmung Jesu als „Sohn Gottes", ebenfalls im messianischen Sinn, verbunden. Geistbegabung und Gottessohnschaft wollen also nach diesem Text Jesus als Messias kennzeichnen, der im Auftrag Gottes das eschatologische Heil verwirklicht.

Während man kaum Anlaß hat, an der historischen Tatsache der Taufe Jesu durch Johannes zu zweifeln, wird man die theologisch-visionäre Ausgestaltung der Taufgeschichte eher der christlichen Gemeinde zuschreiben, die damit zum Ausdruck bringen wollte, daß der Beginn der messianisch verstandenen Wirksamkeit Jesu mit seiner Taufe im Jordan in einem Zusammenhang steht. Über das Verhältnis Jesu zum Täufer wurde schon früher gesprochen. Man darf vielleicht vermuten, daß Jesus zunächst tatsächlich entscheidende Anstöße durch Johannes empfing, dann aber freilich einen entscheidenden Schritt über Johannes hinausging, als ihm klarwurde, daß nicht der richtende Gott, sondern der rettende Gott der wahre Inhalt der eschatologischen Botschaft sei.

Die Traditionen der „Kindheitsgeschichte" (Mt 1,18–25; Lk

1,25–38) enthalten als zentrale Motive gleichfalls die messianische Geistbegabung und Gottessohnschaft Jesu, bringen sie jedoch bereits mit der wunderbaren Empfängnis Jesu durch Maria zusammen. Nach diesem Verständnis ist die gesamte Existenz Jesu von Anfang an durch seine messianische Bestimmung geprägt; dies ist allerdings erst eine spätere Auffassung.

Eine ähnliche Funktion dürfte auch der in der Spruchsammlung überlieferte „Jubelruf" haben:

„In jener Stunde antwortete Jesus und sprach: ‚Ich preise dich, Vater, Herr des Himmels und der Erde, daß du dieses vor Weisen und Klugen verborgen hast, den Unmündigen dagegen hast du es enthüllt. Ja, Vater, so war es deine Absicht.

Alles ist mir von meinem Vater übergeben, und niemand kennt den Sohn als nur der Vater, und niemand kennt den Vater als nur der Sohn und wem der Sohn es offenbaren will'" (Mt 11,25–27; Lk 10,21–22).

Dieser Text, der sich der Sprache der apokalyptischen Weisheits- und Offenbarungsrede bedient, handelt zunächst von dem merkwürdigen Umstand, daß die „Weisen und Klugen" sich der Botschaft Jesu verschließen, während die „Unmündigen", also das einfache Landvolk und sonstige Außenseiter, diese Botschaft aufnehmen, und erkennt darin die besondere Heilsabsicht Gottes. Der zweite Teil bezeichnet Jesus als den, der in einer exklusiven Weise um die göttliche Vaterschaft weiß, so wie auch nur Gott um die Sohnschaft Jesu weiß, und eben dieses besondere Gottesverhältnis Jesu, wie es durch die Bezeichnungen „Vater" und „Sohn" umschrieben wird, ist denn auch der Inhalt der Offenbarung Jesu für die Glaubenden. Jesus ist der eschatologische Offenbarer Gottes. Die Überlieferungen kommen darin überein, daß man Jesus von Nazareth nicht verstehen kann ohne sein Gottesverhältnis.

Die christliche Dogmatik früherer Zeiten suchte dieses Gottesverhältnis mit den Begriffen der griechischen Metaphysik zu erfassen. Wir müssen heute von der Geschichte ausgehen, also vom Menschen Jesus. Und von daher werden wir festzustellen haben, daß das Gottesverhältnis für Botschaft und Person Jesu derart grundlegend ist, daß man zu Jesus keinen Zugang findet, wenn man es ausklammern würde.

Die Botschaft Jesu vom Reich Gottes enthält auch eine neue Gottesbotschaft. Diese bekundet sich vor allem in dem neuen Klang, den Jesus der Gottesanrede „Vater“ gab. Auch diese Bezeichnung hat Jesus nicht völlig neu gebracht, er steht auch hier in alttestamentlich-jüdischer Tradition (vgl. Ps 102,13: „Wie ein Vater seiner Kinder sich erbarmt, so erbarmt der Herr sich derer, die ihn fürchten“). Besonders charakteristisch ist die Gottesanrede „Abba“ in der Gebetssprache Jesu, die nach *Joachim Jeremias* „in der gesamten jüdischen Literatur ohne jede Analogie ist“. Es handelt sich um alltägliche Familiensprache, ähnlich unserem „Papa“. In dieser Anrede liegen die Momente des Vertraulichen, Familiären, dann weiter des Vertrauens, der Unbefangenheit, des Einvernehmens mit dem Vater und der Hingabe an seinen Willen. Hier liegt ein beachtlicher Unterschied zur jüdischen Praxis. Denn das nachexilische Judentum hatte eine ausgesprochene Scheu, den Gottesnamen überhaupt auszusprechen; nur der Hohepriester nannte einmal im Jahr, am großen Versöhnungstag, den heiligen Namen. Im übrigen bediente man sich verschiedener Umschreibungen, wie „Herr“, „der Lebendige“, „der Ewige“, „Herr des Himmels“, „der Heilige, gepriesen sei er“ usw., oder man gebrauchte zur Umschreibung Gottes passivische Wendungen. Darin kommt die große Distanz, die man Gott gegenüber empfand, zum Ausdruck. Dagegen ist die Gottesanrede Jesu geprägt von einer großen Unmittelbarkeit und selbstverständlichen Vertrautheit. Die überlieferten Jesus-Worte zum Thema des Gebets heben durchweg diesen unbefangenen, freimütigen, ja zudringlichen Ton im Umgang mit Gott hervor (Lk 11,5–8.9–13; 18,1–3). So wie für Jesus der göttliche Heilswille der sichere Ausgangspunkt seines Lebens ist, ist auch Gott für ihn derjenige, dem man unbedingt vertrauen und sich selbst überlassen kann. Dieser Gott ist nicht mehr der oberste Garant eines absoluten Gesetzes, dessen Ordnung man sich fraglos zu unterwerfen hat oder den der Mensch dann auch mit Hilfe des Gesetzes manipulieren kann, sondern der Gott, der dem Menschen als die rettende Liebe begegnen will. Das absolute Geheimnis, das zum Gottesgedanken gehört, wird damit keineswegs preisgegeben; es wird vielmehr durch die Liebe so vertieft, daß die Momente des Irrationalen und der Angst zumindest für Jesus daraus völlig verschwinden.

Die Botschaft Jesu vom himmlischen Vater stellt das Gottesverhältnis radikal unter das Vorzeichen von Vertrauen und Liebe. Um Romantik oder Sentimentalität kann es sich nicht handeln; denn es muß sich gegenüber Leiden, Ungerechtigkeit und Tod bewähren. Das Vertrauensverhältnis zu Gott als Vater ist nicht als dogmatischer Lehrsatz gemeint, sondern als das Angebot einer menschlichen Lebensmöglichkeit, bei der die dunklen Probleme des Daseins nicht ausgeklammert werden. Von der Welt her gesehen, ist dieses Gottesverhältnis dem gleichen Widerspruch ausgesetzt wie die Reichsbotschaft Jesu und der Glaube an sie. Trotzdem soll der Mensch darauf eingehen und aus der Gewißheit der göttlichen Liebe leben. Für seine Person hat Jesus ganz damit ernst gemacht bis zum bitteren Tod des Kreuzes: „Abba, Vater, dir ist alles möglich; nimm diesen Kelch von mir; doch nicht, was ich will, sondern was du willst“ (Mk 14,36), heißt es im Gebet Jesu im Garten Gethsemani.

Die Tatsache, daß Jesus am Kreuzesgalgen geendet hat, beruht keineswegs auf blindem Zufall, sondern liegt in der Fluchtlinie seiner Heilsbotschaft. Denn die Ansage des unbedingten Heils im alten Äon einer unheilen Welt hat die Konfliktsituation eher verschärft. Wer diese Botschaft vertrat, der mußte mit dem Äußersten rechnen, weil er die verschiedensten Selbstsicherungen des Menschen und der Gesellschaft, vor allem deren letzte durch die gängige Religion, in Frage stellte. Die Botschaft vom „Vater im Himmel“ und seiner Liebe wird zu einer erbaulichen Idylle, wenn sie den Tod nicht anvisiert. Im übrigen hat Jesus seine Anhänger dazu aufgerufen, im gleichen Sinne als „Söhne eures himmlischen Vaters“ zu leben. Gewiß ist Jesu Gottessohnschaft einzigartig, aber sie ist nicht exklusiv, sondern „Söhne Gottes“ sind beispielsweise alle, die ihre Feinde lieben (vgl. Mt 5,43; auch Gal 3,26–29; Röm 8,14ff).

Der Gottesgedanke entscheidet maßgeblich darüber, wie man das eigene Leben versteht und lebt, dies gilt auch in besonderer Weise für Jesus. Die Gewißheit vom unbedingten göttlichen Heilswillen bleibt bei ihm nicht abstrakte Lehre oder ethisches Postulat, sondern sie setzt sich um in eine konkrete Praxis. Jesus verhielt sich so, wie es seinen Überzeugungen vom Wesen Gottes entsprach, und er beanspruchte darüber hinaus, durch sein eigenes Verhalten den Menschen zu zeigen, wie Gott in Wahrheit ist. Er weiß sich dazu berufen, die Gottesferne in jeder Hinsicht zu überwinden, die Zäune niederzureißen, die eine menschliche Tradition zwischen Gott und den Menschen aufgerichtet hatte.

Die jüdische Gesetzesfrömmigkeit hatte mit ihrer Verabsolutierung des Gesetzes nicht nur das ganze Gottesverhältnis einer gesetzlichen Regelung unterworfen, sie war auch eine höchst wirksame soziale Gegebenheit. Am Gesetz hatte man einen Maßstab, nach dem man feststellen konnte, wer zur frommen Gemeinde gehörte und wer nicht. Vor allem seit der Makkabäerzeit läßt sich die Polemik gegen die „Gesetzlosen“, „Gottlosen“ und „Frevler“, vor allem unter den Gliedern des jüdischen Volkes, ziemlich genau verfolgen; in den Qumran-Texten nimmt sie einen breiten Raum ein. Gemeint sind jene, die aus den verschiedensten Gründen keine strenge Gesetzesobservanz üben, wie das gesetzesunkundige Landvolk, der „Am-ha-arez“, oder solche, die sich als Sünder durch ihre Praxis außerhalb der frommen Gemeinde gestellt haben oder die, wie die Zöllner, fortwährend mit Heiden Umgang hatten und deshalb als mit permanenter Unreinheit behaftet galten. Übrigens wurde auch gegen den Hochadel, der mit den fremden Herren kollaborierte, polemisiert, doch mit diesen Kreisen hatte Jesus so gut wie keine Berührung. Die Gottesferne der genannten Typen war gewissermaßen notorisch. Doch gerade zu ihnen wußte Jesus sich gesandt:

„Als er sich im Hause (des Zöllners Levi) aufhielt, da kamen viele Zöllner und Sünder und setzten sich mit Jesus und seinen Jüngern zu Tisch, denn es waren viele, und sie folgten ihm nach.
Als aber die Schriftgelehrten unter den Pharisäern sahen, daß er mit Sündern und Zöllnern zusammen bei Tische saß, da sagten sie zu seinen Jüngern: ‚Wie kann er mit Zöllnern und Sündern zusammen essen?'
Als Jesus das hörte, sprach er zu ihnen: ‚Nicht die Gesunden bedürfen des Arztes, sondern die Kranken; ich bin nicht gekommen, Gerechte zu rufen, sondern Sünder'" (Mk 2,15–17).

Die Tischgemeinschaft Jesu mit Zöllnern und Sündern gehört zu den gut bezeugten Zügen des historischen Jesus. „Der nimmt die Sünder auf und setzt sich mit ihnen an einen Tisch" (Lk 15,2); oder: „Seht diesen Fresser und Säufer, den Freund von Zöllnern und Sündern" (vgl. Mt 11,19). Die Botschaft vom Heil der nahen Gottesherrschaft soll ja gerade denen zugute kommen, die von sich aus gar nicht mehr damit rechnen, daß es für sie noch eine Heilsmöglichkeit gibt, weil sie von den „Gerechten" ohnehin abgeschrieben sind.

Der Gedanke, daß man durch Buße und fromme Werke wieder umkehren und von Gott Vergebung erwarten darf, war dem Judentum durchaus geläufig. Das Besondere bei Jesus liegt nun darin, daß er von sich aus, ohne derartige Leistungen zu erwarten, den Ausgestoßenen das Heil der Gottesherrschaft anbietet. Das Anstoßerregende für die Frommen ist die Art und Weise, wie Jesus mit der Sündenvergebung umgeht, indem er die Randexistenzen einfach akzeptiert, um ihnen, ohne zuerst genau deren Vergangenheit zu erforschen, eine neue Lebenschance einzuräumen. Dann gewiß auch darin, daß er diese Menschen nicht wieder auf das alte Gesetz verpflichtet, sondern die Gebote radikal vereinfacht, so daß sie auch unter „unreinen" Verhältnissen praktikabel sind. Von den Zöllnern hat Jesus nicht verlangt, daß sie ihren Beruf aufgeben müssen, und von den Sündern erwartet er nur, daß sie sich vom Unrecht distanzieren (vgl. Lk 7,36–50; 18,9–14; 19,1–10; Jo 8,1–11).

Überhaupt ist darauf zu achten, welche Rolle die gemeinschaftlichen Mahlzeiten, die Jesus sowohl mit seinen Jüngern wie mit den Zöllnern und Sündern hielt, in seiner gesamten Wirksamkeit spielen. Man findet bei Jesus und seinem Jüngerkreis kaum besondere asketische Züge; auch die Ehelosigkeit Jesu und anscheinend auch mancher Jünger ist nicht eigentlich asketisch geprägt, sondern eschatologisch. In diesem Kreis herrschte offenbar eine fröhliche Stimmung wie bei einer guten Party oder einer Hochzeitsfeier (vgl. Mk 2,18–20; auch Jo 2,1–11). Nun war zweifellos das gemeinschaftliche Essen im Judentum immer von einer religiösen Aura umgeben; die Segenssprüche über Speise und Trank waren jedem frommen Juden selbstverständlich. Aber bei Jesus bekommt das Mahl doch eine größere, wichtigere Bedeutung, allein schon dadurch, daß er sich mit Menschen zusammensetzt, mit denen ein frommer Jude, der sich genau an die Reinheitsvorschriften hielt, keine Gemeinschaft haben konnte. Dies war eine Provokation. Darüber hinaus ist für Jesus das Mahl ein Zeichen der herangekommenen Gottesherrschaft (vgl. die Gastmahlgleichnisse Lk 14,15–24; Mt 22,1–14).

Wenn für Johannes den Täufer die Bußtaufe als die für ihn charakteristische Zeichenhandlung angesehen werden muß, dann ist für Jesus zu sagen: Die für seine Botschaft charakteristische Zeichenhandlung ist das Mahl, das Festessen, in dem zeichenhaft die Gegenwart der eschatologischen Gottesherrschaft zur Darstellung kommt. Für Jesus wird genau diese an sich zentrale menschliche Handlung zum typischen Zeichen seiner besonderen Absicht. Im Festessen wird die gemeinschaftliche Zugehörigkeit zum kommenden Reich gefeiert. Die Überlieferung hat dieses Moment in den Brotvermehrungsgeschichten festgehalten (Mk 6,32–44; 8, 1–10; par Jo 6, 1–15), und es liegt ganz in dieser Linie, wenn für die Urkirche das eucharistische Herrenmahl zur zentralen „sakramentalen" Kulthandlung wurde (Mk 14,22–25 par; 1 Kor 11,23–26), allerdings mit den durch Jesu Tod und Auferstehung gegebenen neuen Akzentsetzungen im Zeichen des „Neuen Bundes". In dieser Tischgemeinschaft mit den Verfemten und Ausgestoßenen vollzieht Jesus von Nazareth im Namen Gottes die Gemeinschaft, wie sie Gott mit allen Menschen haben will.

Auf die Provokation, die solches Verhalten für die frommen Kreise bedeutete, hat Jesus mit verschiedenen Gleichnissen geantwortet, um sein Verhalten verständlich zu machen und zugleich an die Adresse der Frommen die dringende Bitte zu richten, sich diesem wichtigen Zeichen doch nicht zu verschließen, so in den Geschichten von den Arbeitern im Weinberg (Mt 20, 1–15), vom „verlorenen Schaf", dem „verlorenen Groschen" und vom „verlorenen Sohn":

„Ein Mann hatte zwei Söhne. Der jüngere von ihnen sagte zu seinem Vater: ‚Vater, gib mir den Anteil deines Vermögens, der mir (als Erbe) zusteht.' Da teilte er seinen Besitz unter sie.
Nicht lange danach machte der jüngere Sohn seinen ganzen Anteil zu Geld und zog davon in ein fernes Land; und da verpraßte er sein ganzes Vermögen in einem haltlosen Leben. Als er alles aufgebraucht hatte, kam eine schwere Hungersnot über jenes ganze Land, und er geriet in Not. Da ging er hin und hängte sich an einen Bürger jenes Landes; der schickte ihn auf seine Felder, die Säue zu hüten. Gern hätte er seinen leeren Magen mit den Schoten gefüllt, die die Schweine fraßen, doch niemand gab ihm davon.
Da kam er zu sich und sagte: ‚Wie viele Tagelöhner meines Vaters haben Brot im Überfluß, und ich komme hier vor Hunger um! Ich will mich aufmachen und zu meinem Vater gehen und zu ihm sagen: Vater, ich habe gesündigt gegen den Himmel und vor dir. Ich bin nicht mehr wert, dein Sohn zu heißen. Stelle mich wie einen deiner Tagelöhner!' Und er machte sich auf und kam zu seinem Vater. Als er noch weit weg war, erblickte ihn sein Vater, und Erbarmen ergriff ihn; er lief ihm entgegen, fiel ihm um den Hals und küßte ihn. Doch der Sohn sagte zu ihm: ‚Vater, ich habe gesündigt gegen den Himmel und vor dir – ich bin nicht mehr wert, dein Sohn zu heißen.' Aber der Vater sagte zu seinen Knechten: ‚Rasch, bringt das beste Gewand heraus, und legt es ihm an! Steckt ihm einen Ring an seinen Finger, und gebt ihm Schuhe an die Füße. Und holt das

Mastkalb herbei, und schlachtet es; dann wollen wir ein Freudenmahl feiern. Denn mein Sohn hier war tot und ist wieder zum Leben gekommen; er war verloren und ist wiedergefunden.' Und sie fingen an zu feiern.
Als nun sein ältester Sohn, der auf dem Felde war, heimkehrte und sich dem Hause näherte, hörte er Musik und Tanz und rief einen der Knechte zu sich und fragte, was das sei. Der antwortete: ,Dein Bruder ist gekommen; da hat dein Vater das Mastkalb geschlachtet, weil er ihn gesund wieder hat.' Da geriet er in Zorn und wollte nicht hereinkommen. Doch sein Vater ging zu ihm hinaus und bat ihn. Er aber antwortete seinem Vater: ,Sieh, so viele Jahre diene ich dir nun schon und habe dein Gebot nie übertreten. Doch mir hast du nie auch nur einen Ziegenbock gegeben, daß ich mit meinen Freunden hätte feiern können! Aber wie dein Sohn heimgekommen ist – der da, der dein Vermögen mit Huren verpraßt hat, da hast du für ihn das Mastkalb geschlachtet.' Er erwiderte: ,Kind, du bist doch allezeit bei mir, und alles, was mein ist, ist dein; du hättest mitfeiern und dich darüber freuen sollen, daß dieser hier, dein Bruder, der tot war, wieder zum Leben gekommen ist, verloren war und wiedergefunden ist'" (Lk 15, 11–32).

Man darf diese in all ihren Einzelzügen wohldurchdachte Geschichte nicht allegorisch auf Gott beziehen, sondern muß sie ganz aus der Situation Jesu heraus verstehen. Im Verhalten Jesu zu den Zöllnern und Sündern wird diese Erzählung akut, weil nämlich Jesus zu ihnen sich genauso verhielt wie der Vater zu dem heimkehrenden Sohn. In seiner eigenen Menschlichkeit, dies sagt die Geschichte, spiegelt Jesus das göttliche Verhalten zum Menschen. Das große Fest, das wegen der Heimkehr des jüngeren Sohnes veranstaltet wird, enthält die ganze Freude, die dort herrscht, wo die göttliche Vergebung von den Menschen praktiziert und angenommen wird, wo die liebende Großzügigkeit des göttlichen Verhaltens durchdringt. Aber der ältere Bruder, in dem die Gesetzesfrommen sich wiedererkennen, will darauf nicht eingehen. Er versagt sich der Mitfreude und stellt sein Gerechtigkeitsprinzip über die Liebe. Seine Fatalität liegt nicht darin, daß er falsch gehandelt hätte, sondern darin, daß er es nicht über sich bringen kann, seine eigenen Maßstäbe einmal fallenzulassen und sich der Mitfreude zu öffnen.

Für Jesus ist mit der Heilsbotschaft und der göttlichen Generalamnestie die große Freude verbunden, die zur gemeinschaftlichen Feier drängt, in der die Menschen auch miteinander wieder neu zu leben beginnen. Aber bis heute fällt es den Frommen noch immer schwer, diesen Kern der Botschaft Jesu zu begreifen.

VI. Vom Sinn der Wunder Jesu

Es unterliegt keinem Zweifel, daß zum Bild Jesu, wie die Evangelisten es überliefern, auch die Wunder gehören, die Jesus wirkte, wie Dämonenaustreibungen, Krankenheilungen, Totenerweckungen und die sogenannten Naturwunder. Es unterliegt aber auch genausowenig einem Zweifel, daß dem modernen Menschen der Zugang zu diesen Wunderberichten besonders schwerfällt. Waren für die alten Zeiten gerade die Wunder ein ziemlich eindrucksvoller Beweis für die göttliche Art Jesu, so neigt man heute dazu, diesen Komplex lieber auf sich beruhen zu lassen und die Wunder als eine zeitgebundene Vorstellungsform des mythischen Denkens zu betrachten, das vom wissenschaftlichen Denken nicht mehr nachvollzogen werden kann.

Es gibt in der Tat diese Spannung zwischen moderner Wissenschaft und dem von ihr geprägten Wirklichkeitsverständnis und dem Wunderglauben, zwischen rational-technischer Weltgestaltung und der Erfahrung des Wunders. Die kritische Geschichtswissenschaft ist außerdem daran interessiert, möglichst zuverlässige Fakten zu gewinnen. Das führte in der Vergangenheit dazu, daß man die historische Tatsächlichkeit der von Jesus berichteten Wunder in sämtlichen Einzelfällen apologetisch zu beweisen suchte, was sich freilich als äußerst schwierig erwies. Oder man ging von einem fundamentalistisch geprägten Verständnis der Bibel aus und meinte, da die Wunder nun einmal in der Bibel stehen, müßten sie auch faktisch genauso geschehen sein, wie es dasteht. Dann hat eben Gott in seiner Allmacht oder Jesus, weil er an der göttlichen Allmacht teilhat, in den Weltenlauf eingegriffen und solche Dinge getan, wie er dies immer und überall tun könnte, falls er nur wollte.

Wir müssen die beiden zuletzt genannten Betrachtungsweisen gründlich revidieren, und zwar nicht deshalb, weil man gegen das Geschehensein von Wundern grundsätzliche Zweifel hegen würde, sondern weil uns die genauere Befragung der biblischen Texte zu einer anderen Betrachtungsweise führt. In diesem Zusammenhang sind vor allem die Ergebnisse der formgeschichtlichen Methode von Bedeutung. Diese Methode hat die literarische Gattung der Wundergeschichten untersucht und dabei festgestellt, daß eine Reihe von Motiven, die in solchen Erzählungen vorkommen, wie die eingehende Beschreibung und Schwere der Krankheit, vergebliche Heilungsversuche, weiter das besondere Verfahren bei der Heilung und schließlich die Kunde vom Erfolg des Wunders, nicht nur in den biblischen Erzählungen anzutreffen sind, sondern auch in außerbiblischen jüdischen und hellenistischen Wundergeschichten. Ein Wunderbericht aus dem Asklepios-Heiligtum von Epidauros von der Heilung eines stummen Knaben sei aus der Vielzahl ähnlicher Berichte angeführt:

„Er war hilfesuchend wegen seiner Stummheit ins Heiligtum gekommen. Als er sein erstes Opfer gebracht und die üblichen Zeremonien verrichtet hatte, sagte der Opferdiener, zum Vater des Knaben gewandt: ‚Gelobst du, wenn du deinen Wunsch erreicht hast, binnen Jahresfrist dein schuldiges Opfer als Heilgebühr darzubringen?‘ Da rief der Knabe plötzlich: ‚Ich gelobe es!‘ Der Vater aber entsetzte sich und hieß ihn noch einmal reden. Der Knabe redete wieder und war von Stund an geheilt.“ [11]

Mit wenigen Änderungen könnte diese Geschichte auch in den Evangelien stehen. Es gibt also ein literarisches Schema für solche

[11] Vgl. *Nilsson,* Die Religion der Griechen (Tübingen 1927) 89.

Geschichten, das von der christlichen Gemeinde bei der Gestaltung der Jesus-Wundergeschichten übernommen wurde. Weiter kommen dazu Vorbilder aus dem Alten Testament, wie der Exodus-Wunderzyklus oder die Wundergeschichten von Elia und Elisa, oder auch apokalyptische Motive. Außerdem gibt es in der Wunderüberlieferung eine Tendenz der Steigerung des Wunderhaften. Während manche Wunderberichte sehr sparsam gestaltet sind, malen andere das wunderbare Geschehen breiter aus. Besonders deutlich ist diese Steigerungstendenz im Johannesevangelium zu beobachten. Sie entspringt einmal dem Bedürfnis, durch die Steigerung das Wunder noch größer und bedeutender erscheinen zu lassen, dann aber auch der apologetischen Absicht, die Überlegenheit Jesu möglichst überzeugend darzustellen. Interessant ist allerdings, daß man auch eine gegenläufige Tendenz beobachten kann, vor allem bei dem Evangelisten Matthäus. Dieser hat eine ganze Anzahl markinischer Wunderberichte gestrafft. Dabei geht es ihm hauptsächlich darum, die Wundergeschichten als Glaubensgeschichten mit lehrhafter Absicht zu verstehen.

Wenn man einmal auf diese literarischen Motive der Wundergeschichten aufmerksam wurde, die sich an den verschiedensten Texten aufzeigen lassen, dann tritt die Frage, ob alle Wunder auch genauso geschehen sind, wie es berichtet wird, in den Hintergrund. Statt dessen wird die Frage wichtig, was diese Wunderberichte über Jesus und seine Bedeutung sagen wollen, also die Frage nach ihrem kerygmatischen Gehalt, das heißt, wir müssen die Wunderberichte als einen Teil des Evangeliums von Jesus verstehen.

Es sind in erster Linie die verschiedenen „Sammelberichte", die den Eindruck einer ausgedehnten Wundertätigkeit Jesu hervorrufen. So heißt es bei Markus nach dem Bericht vom ersten Auftreten Jesu in Kapharnaum: „Als es Abend geworden war, nach Sonnenuntergang, brachte man zu ihm alle Kranken und Besessenen, und die ganze Stadt war vor den Türen. Und er heilte viele Kranke von den verschiedensten Krankheiten und trieb viele Dämonen aus, und er ließ die Dämonen nicht reden, weil sie ihn kannten" (Mk 1,32–34; vgl. 3,7–12). Oder bei Matthäus: „So durchwanderte Jesus alle Städte und Dörfer, indem er in ihren Synagogen lehrte und das Evangelium vom Reich verkündigte und alle Krankheiten und Gebrechen heilte" (Mt 9,35). Aber diese Sammelberichte sind keine historischen Notizen, sondern redaktionelle Zusammenfassungen der Evangelisten, die das in den Einzelüberlieferungen vorgegebene Material verallgemeinern. Häufig entsprechen die aufgezählten Arten der Wunder genau dem in den Evangelien aufgeführten Bestand.

Was die Frage angeht, ob der historische Jesus tatsächlich Wunder gewirkt hat, so wird man die Frage generell bejahen, ohne daraus allerdings sichere Konsequenzen für die Einzelberichte ziehen zu können. In der Redenquelle findet sich der Weheruf über die galiläischen Städte:

„Wehe dir, Chorazin, wehe dir, Bethsaida! Wären in Tyrus oder Sidon die Machttaten geschehen, die in eurer Mitte geschehen sind, sie hätten längst in Sack und Asche Buße getan.
Aber Tyrus und Sidon wird es im Gericht erträglicher gehen als euch. Und du, Kapharnaum, wurdest du nicht bis in den Himmel erhöht? Bis in die Unterwelt wirst du hinunterfahren" (Lk 10,13–15; Mt 11,21–22).

Nach diesem Spruch erscheinen die galiläischen Städte am See, Bethsaida und Kapharnaum, und das höher gelegene Chorazin als Orte, in denen Jesus Wunder gewirkt hat und die wegen ihrer Verschlossenheit gerügt werden. Im einzelnen dürfte an den Dämonenaustreibungen und an den Krankenheilungen durch Jesus kaum zu zweifeln sein.

Größere Schwierigkeiten bieten für unser Verständnis die Totenerweckungsgeschichten: die Tochter des Jairus (Mk 5,22–24.35–43), der Jüngling von Naim (Lk 7,11–17), die Auferweckung des Lazarus (Jo 11,1–44); die Speisungsgeschichten (Mk 6,32–44 par; 8,1–10 par; auch das Weinwunder von Kana gehört in diese Kategorie [Jo 2,1–11]) und die Natur- oder richtiger Epiphaniewunder: Stillung des Seesturmes (Mk 4,35–41 par), Geschichte vom Seewandel (MK 6,45–52 par), Verklärung Jesu

(Mk 9,2–8 par). Was diese Geschichten betrifft, so müssen wir in stärkerem Maß damit rechnen – was allerdings auch für die gesamte Wunderüberlieferung gilt –, daß der nachösterliche Glaube, vor allem der Glaube an den auferstandenen Jesus, an der Gestaltung der verschiedenen Motive dieser Geschichten kräftig mitgewirkt hat. Doch hat diese Ausgestaltung nicht dazu geführt, den historischen Jesus in eine ungeschichtliche, überzeitliche Größe zu verwandeln; auch das Johannesevangelium hat dieser Tendenz widerstanden. Die Wunderberichte bleiben vielmehr, obwohl ihr Hauptanliegen die Verkündigung ist, auf den geographischen Rahmen der Wirksamkeit Jesu bezogen. Wir müssen in diesem Zusammenhang leider darauf verzichten, die einzelnen Wunderberichte ausführlicher zu besprechen; denn erst dies würde das Gesagte noch genauer bestätigen.

Eine besondere Stellung nehmen die Erzählungen von den Dämonenaustreibungen bei Jesus ein. Gleich das erste Wunder, das Markus berichtet, handelt von einer Dämonenaustreibung in der Synagoge von Kapharnaum (Mk 1,21–28). Auch die Stillung des Seesturmes hat mit den Austreibungsgeschichten manche Ähnlichkeiten (Mk 4,35–41 par), da Jesus dabei den Wind und den See wie dämonische Mächte anherrscht: „Schweig, verstumme!" Dann finden sich bei Markus die beiden großen Erzählungen vom „Besessenen von Gerasa" (Mk 5,1–20) und die Heilung des epileptischen Knaben (Mk 9,14–29).

Man wird zum Verständnis dieser Geschichte davon ausgehen müssen, daß Dämonen und eine ganze Dämonenhierarchie, an deren Spitze Satan oder Belial oder auch Beelzebul steht, zum Weltbild der damaligen Zeit gehören. Im nachexilischen Judentum war der Dämonenglaube weit stärker verbreitet als im alten Israel. Im Alten Testament finden wir ihn nur ganz am Rande, er bildet also deutlich ein sekundäres, später aufgekommenes Element des biblischen Glaubens. Dabei werden die Übel verschiedenster Art auf die Wirkung der Dämonen zurückgeführt. In der verschlüsselten Sprache der jüdischen Apokalyptik werden freilich auch die heidnischen Weltmächte und ihre führenden Größen mit dämonischen Zügen ausgestattet; das bekannteste Beispiel ist die Dämonisierung des Königs Antiochus IV. Epiphanes (175–164 v. Chr.), der zum typischen Modell für den Antichrist wurde. Auch die Krankheiten galten als durch Dämonen bewirkt, insbesondere solche Krankheiten, die zu einer starken Zerrüttung der menschlichen Persönlichkeit führten und die wir heute zu den psychischen Krankheiten rechnen, wie schwere Fälle von Epilepsie.

Was diesen Bereich des Dämonenglaubens angeht, so teilt Jesus zunächst die Auffassungen seiner Zeit. Dennoch weicht auch hier sein Verhalten wieder charakteristisch von dem seiner Zeitgenossen ab. Für die apokalyptische Dämonisierung der politischen Mächte finden sich in der Jesusüberlieferung keine Belege. Auch eine Dämonenlehre vertrat Jesus nicht. Er sieht das Wirken der dämonischen Unheilsmächte vor allem in der Zerrüttung und Zerstörung des Menschen; er weiß sich selbst dazu ermächtigt, diesen Dämonenbann zu brechen. Im Vergleich zu den jüdischen Parallelen fällt auf, daß bei den Dämonenaustreibungen Jesu keine Rede ist von salomonischen Zaubersprüchen und Manipulationen, er wirkt allein durch sein Wort. Verschiedene Texte geben darüber Auskunft, was den Sinn der Dämonenaustreibungen bei Jesus ausmacht. Nach dem Streitgespräch (Mk 3,22–27 par) hatten die Pharisäer Jesus den Vorwurf gemacht, er sei selber besessen: „Er hat den Beelzebul"; und: „Er treibt die Dämonen durch den Obersten der Dämonen aus!" Das heißt, die Dämonenaustreibungen Jesu seien nichts anderes als teuflisches Blendwerk. Nach Markus hat Jesus darauf mit zwei Argumenten geantwortet. Zunächst negativ mit dem Hinweis, daß keine Herrschaft, die in sich gespalten ist, auf die Dauer Bestand haben kann, nicht einmal die Dämonenherrschaft: „Wenn der Satan gegen sich selbst aufsteht und gespalten ist, dann kann er nicht bestehen, sondern findet sein Ende." Dann folgt die positive Antwort: „Niemand kann in das Haus des Starken eindringen und seine Besitztümer rauben, wenn er nicht zuerst den Starken gebunden hat; erst dann kann

er sein Haus ausplündern." Das Bildwort will vermutlich sagen, daß eben mit Jesus dieser Stärkere gekommen ist, der den Satan zu binden vermochte, um ihm alle zu entreißen, die seiner Macht unterworfen waren. Matthäus und Lukas haben an dieser Stelle noch ein Wort aus der Spruchsammlung eingefügt:
„Wenn ich die Dämonen mit Beelzebul austreibe, durch wen treiben dann eure Söhne sie aus? Darum werden sie eure Richter sein. Wenn ich jedoch durch den Finger Gottes die Dämonen austreibe, dann ist ja tatsächlich die Gottesherrschaft über euch gekommen" (Lk 11,19–20; Mt 11,27–28).

Danach hat Jesus nicht beansprucht, allein als Exorzist aufzutreten; auch im Judentum hat es solche gegeben. Dann geht aber die Frage darum, ob in seinen Dämonenaustreibungen Satan am Werk sei oder Gott; man möge hier nicht mit verschiedenen Maßstäben messen. Darüber hinaus aber, und dies ist der ausschlaggebende Punkt, gehören die Dämonenaustreibungen für Jesus zu den Zeichen der nahe gekommenen Gottesherrschaft. Hier im Rahmen seiner Heilsbotschaft haben sie ihren Ort. Wo die Gottesherrschaft anbricht, findet die Dämonenherrschaft ein Ende. Das unterscheidet in der Tat das Wirken Jesu von dem der jüdischen Exorzisten. Ihm geht es nicht um aufsehenerregende Taten, sondern um die befreiende Herrschaft Gottes. Die Heilsmacht der Gottesherrschaft entmächtigt die Satansherrschaft und allen Dämonenglauben, so daß gesagt werden kann, in den Dämonenaustreibungen Jesu geschieht Entmythologisierung, Entdämonisierung und Enttabuisierung von Mensch und Welt. Dämonisch ist alles, was die Welt vergötzt und den Menschen zerstört, was sie daran hindert, Gottes gute Schöpfung, die von Gott geliebte Kreatur zu sein. Wo Menschen vom Dämonenbann befreit werden, da werden sie zu ihrem wahren, gottgewollten Menschentum zurückgebracht, da wird sichtbar, was Jesus unter dem Heil des Menschen versteht.

Der innere Zusammenhang zwischen der Reichsbotschaft Jesu und den Wunderberichten gilt nun auch für die übrigen Wunder

der Evangelien. Auch hier sei statt vieler Einzelerzählungen ein Wort aus der Spruchquelle angeführt, das diesen Sachverhalt zur Sprache bringt, die „Täuferanfrage“:

„Als Johannes im Gefängnis von den Werken des Messias hörte, da ließ er ihm durch eine Jüngergesandtschaft sagen: ‚Bist du der Kommende, oder müssen wir auf einen anderen warten?‘
Und Jesus gab ihnen zur Antwort und sprach: ‚Gehet hin, verkündet dem Johannes, was ihr hört und seht: Blinde sehen wieder und Lahme gehen, Aussätzige werden rein und Taube hören, und Armen wird die Heilsbotschaft verkündet; und selig ist zu preisen, wer an mir nicht Anstoß nimmt!‘“ (Mt 11, 2–6; Lk 7, 18–23.)

Die Anfrage beschäftigt sich mit dem Problem, ob Jesus, der nicht als der Gerichtsvollstrecker Gottes auftritt, sondern als der eschatologische Heilsbote Gottes, der vom Täufer vorhergesagte „Kommende“ sein könne, wenn sein Wirken doch so gar nicht dieser Vorhersage entsprach. Die Antwort Jesu enthält eine Reihe von Anspielungen auf das Jesaja-Buch (Jes 29,18; 35,5f; 61,1f), in denen von den Wundern der zukünftigen Heilszeit die Rede ist. Dem Logion dürfte ein echter Jesus-Spruch zugrunde liegen, der die auf die Heilszeit hinweisenden Schriftzitate enthielt und die abschließende Seligpreisung. Den Höhepunkt bei der Aufzählung der Heilstaten bilden jedoch nicht die Wunder an sich, sondern die letzte Formulierung: „Den Armen wird die Heilsbotschaft verkündigt.“ Und die verschiedenen aufgeführten Kategorien der Wunder sind nichts anderes als die konkrete Bestätigung dafür, daß mit der Reichsbotschaft Jesu das Heil seinen Anfang nimmt. Sie enthalten im einzelnen einen nahezu vollständigen Katalog der Jesus-Wunder. Nimmt man die alttestamentlichen Texte, auf die in diesem Zusammenhang angespielt wird, noch dazu, dann kann kein Zweifel mehr darüber herrschen, daß die von Jesus berichteten Wunder nichts anderes sein wollen als zeichenhafte, leibhafte und typische Darstellungen des von Jesus verkündigten Heils. Sie weisen uns darauf hin, daß nach den Vorstellungen Jesu wie der Urkirche das Heil nicht bloß als Rettung der Seele verstanden wurde, sondern als die Rettung des ganzen Menschen. Gott will auch das leibliche Heil des Menschen, seine ganze Gesundheit, sein umfassendes Wohl, und zwar in allen menschlichen Dimensionen.

Dieser umfassende menschliche Heilsaspekt tritt noch schärfer hervor, wenn man feststellen muß, daß Jesus gerade nicht die Wunder gewirkt hat, welche die apokalyptischen Kreise vom Messias offenbar erwartet haben. Die große Versuchungsgeschichte der Spruchquelle (Mt 4,1–11; Lk 4,1–13) zeigt in eindrucksvoller Weise, daß Jesus die Messiaszeichen der Apokalyptik als satanische Versuchung von sich wies, wie die Erneuerung des Mannawunders, das machtvolle Erscheinen im Tempel oder die messianische Weltherrschaft. Was bei der Wirksamkeit Jesu eindeutig im Vordergrund steht, ist nichts anderes als das Humanum selbst, die Rettung des Menschen. Daraus dürfte sich auch zwanglos die Bedeutung der Wunderbotschaft für die Gegenwart ergeben. Jesus hat mit seinen zeichenhaften Taten nicht alles Unheil und Übel in der Welt abgeschafft. Aber er hat deutlich eine Richtung aufgezeigt, die für den Heilsglauben gilt, nämlich daß die Linderung und weitestgehende Behebung aller menschlichen Not, von Krankheit, Hunger, Unwissenheit, Unfreiheit und Unmenschlichkeit jeder Art die bleibende und wichtigste Aufgabe des Menschen für den Menschen ist.

Abschließend sei noch bemerkt, daß die Wundergeschichten in den Evangelien weitgehend als Glaubensgeschichten dargeboten werden; am eindrucksvollsten in der Geschichte vom „epileptischen Knaben“ (Mk 9,14–29), wo das Glaubensgespräch zwischen dem Vater des Kindes und Jesus den inneren Höhepunkt der Erzählung bildet:

„Jesus fragte seinen Vater: ‚Wie lange geht es schon so mit ihm zu?‘ Der aber sprach: ‚Von Kindheit an; und schon häufig hat ihn der Dämon ins Feuer getrieben und ins Wasser, um ihn zu vernichten; aber wenn du etwas vermagst, dann hilf uns, und habe Mitleid mit uns!‘

Jesus aber sprach zu ihm: ‚Was heißt, wenn du etwas vermagst – dem Glaubenden ist alles möglich!'
Darauf rief der Vater des Knaben: ‚Ich glaube, hilf meinem Unglauben!'" (Mk 9,21–24.)

Nach dieser Erzählung ist der Glaube das eigentliche Wunder und die Heilung des Knaben im Grunde nichts anderes als das Zeichen des Glaubens. Glaube ist hier freilich nicht als Fürwahrhalten von Sätzen verstanden, sondern als lebendiges und offenes Vertrauen auf die rettende Nähe Gottes, die in der Gegenwart Jesu erfahren wird. Um diesen Glauben, der Gott alles zutraut, kann der Mensch nur im Wissen um seinen Unglauben, um sein mangelhaftes und schwankendes Vertrauen bitten, damit er ihm durch Jesus zuteil werde. Aber wenn solcher Glaube vorhanden ist, dann bleibt er nicht eine innerseelische Gegebenheit, sondern er dringt in das ganze Verhalten des Menschen ein und gewinnt in seinem Leben auch konkrete Gestalt.

VII. Wer ist Jesus?

Die Beantwortung der Frage „Wer ist Jesus?" wird, je intensiver man sich mit dem Neuen Testament beschäftigt, nicht leichter, sondern schwieriger. Vor allem, wenn es darum gehen soll, nicht nur überlieferte Formeln nachzubeten, von denen nicht sicher ist, ob sie heute noch genau das sagen, was sie einmal meinten, sondern wenn es darauf ankommt, von Jesus so zu sprechen, daß in diesem Reden ein gegenwärtiger Sinn aufleuchtet.

Wir gingen bei unseren Überlegungen vom geschichtlichen Menschen Jesus von Nazareth aus mit der Voraussetzung, daß es zu Jesus als einem Menschen unserer Geschichte auch einen geschichtlichen Zugang geben müsse, soweit die Überlieferungen einen solchen eröffnen. Wir fanden auch in der Überlieferung eine Reihe von Hinweisen, die einigermaßen erkennen lassen, was Jesus gelehrt und getan hat. Aber wenn wir die Zeugnisse über das

Lehren und Wirken Jesu mit denen vergleichen, die uns über seine Historie im datenhaften Sinn informieren, dann fällt eines sogleich auf: Die Überlieferung hat so ziemlich alles beiseite gelassen, was nicht direkt mit dem besonderen Werk Jesu oder mit der „Sache Jesu" zu tun hat. Sie hat nur solche Inhalte für überlieferungswert gehalten, die mit dieser Sache zusammenhängen. Person und Sache aber lassen sich bei Jesus kaum voneinander trennen; sie bilden immer eine zusammengehörige Einheit.

Der Ansatz beim Menschen Jesus von Nazareth ist also nicht nur aus methodischen Gründen gerechtfertigt, sondern auch aus theologischen Gründen; denn es gibt keine neutestamentliche Aussage über Jesus, die sich nicht auf dieses Subjekt bezöge, die also rein spekulativ ohne Rücksicht auf den geschichtlichen Jesus gemacht worden wäre. Gegenstand des neutestamentlichen Christuszeugnisses ist nicht ein Himmelwesen, das in menschlicher Verkleidung eine Zeitlang auf Erden weilte, sondern der Mensch Jesus. Die traditionelle Rede von der „Menschwerdung Gottes in Jesus" hatte zwar diesen Punkt im Auge, aber sie war in der kirchlichen Frömmigkeit und Theologie stets der Gefahr ausgesetzt, diesen Menschen in seiner kontingenten Menschlichkeit nicht genügend ernst zu nehmen. Die historische Methode dagegen kann dem nicht mehr ausweichen; für sie ist und bleibt der Mensch Jesus der entscheidende Ausgangspunkt. Er bildet mit seinem Wirken und seiner Geschichte die Grundlage für die Christologie. Die verschiedenen Hoheitstitel, wie „Sohn Gottes", „Menschensohn", „Messias", „Herr", „Heiland", sind menschliche Bezeichnungen, die in der Sprache des Glaubens der christlichen Gemeinde die Bedeutung Jesu zum Ausdruck bringen wollen. Es ist bezeichnend und beruht wohl auf einer sachlichen Notwendigkeit, wenn die Gemeinde die höchsten und gefülltesten Prädikate, die sie in ihrer näheren Umwelt vorfand, aufgriff, um sie auf Jesus zu übertragen. Der Mehrwert, der in diesen Bezeichnungen liegt, hebt die Bedeutung Jesu über die Bedeutung anderer Menschen weit hinaus. Trotzdem darf bei all diesen Begriffen nicht vergessen werden, daß sie, für sich genommen, noch gar nichts Präzises sagen. Nicht diese Begriffe sagen uns, wer Jesus ist, sondern Jesus gibt diesen Begriffen erst ihren wahren Inhalt. Außerdem geht er in keinen dieser Begriffe völlig ein. Jesus ist selbst immer mehr, als die verschiedenen Prädikate über ihn auszusagen vermögen. Im übrigen war im Lauf der Geschichte kein Jesus-Prädikat, auch die Bezeichnung „Sohn Gottes" nicht, gegen Mißverständnisse geschützt. Die Frage nach dem Menschen Jesus ist schon deshalb wichtig, um die verschiedenen Mißverständnisse korrigieren zu können. Auch zeigt das Neue Testament selbst, daß es für die Zeitgenossen nicht ganz einfach war, für Jesus die rechte Bezeichnung zu finden. Die Erzählung vom Messiasbekenntnis des Petrus (Mk 8,27–30 par) trägt diesem Umstand Rechnung, wenn Jesus eingangs die Frage stellt: „Für wen halten mich die Leute?" und die Jünger darauf zunächst antworten: „Für Johannes den Täufer, andere für Elias, wieder andere für einen der Propheten" (Mk 8,27f). Das heißt doch wohl, für die Außenstehenden gab es keine festgeprägte Kategorie, die man unbesehen auf Jesus anwenden konnte.

In vieler Hinsicht glich das Auftreten Jesu, zumal als sich allmählich einige Jünger eingefunden hatten, dem Gehaben eines jüdischen Rabbi, der Schüler um sich sammelt. Die Anrede „Rabbi", „Lehrer", findet sich denn auch ziemlich häufig im Munde der verschiedensten Personen, die mit Jesus zu tun hatten. Allerdings hatte Jesus kein festes Lehrhaus, in dem er sich ständig aufhielt; er war mit seinen Jüngern viel unterwegs. Er oblag auch mit seinen Schülern nicht dem Torastudium, und seine Lehrweise hatte, schon durch den Verzicht auf die exegetisch-kasuistische Schulmethode, ein anderes Gepräge als bei den jüdischen Schriftgelehrten. Die methodische und sachliche Freiheit, die der Lehrweise Jesu anscheinend eignete, ihre Prägnanz und gezielte Sicherheit in der Aussage, Momente, die wohl doch zutreffend in der Überlieferung erhalten wurden, verliehen dieser Lehrweise eine besondere Art von Autorität, die man als geistgewirkt empfinden mochte.

Betrachtet man jedoch den Inhalt der Botschaft Jesu, die

eschatologische Reichspredigt, dann rückt die prophetische Seite seines Wirkens in den Vordergrund. Jesus hat als eschatologischer Prophet gewirkt, und es nimmt nicht wunder, wenn man die Bezeichnung des „Propheten“ aufgriff und sie auf Jesus bezog, zumal die Erwartung eines endzeitlichen Propheten vor der großen Wende zum verbreiteten Inventar der apokalyptischen Zukunftserwartungen gehörte. Aber Jesus tritt nicht als Gerichtsprophet auf wie noch der Täufer, sondern als der Botschafter des göttlichen Heilswillens. Die Zeichen, die er setzt, sind die Zeichen der endzeitlichen Befreiung und Freude. In seinem Wirken bricht das Heil schon in die Gegenwart herein. Was Jesus von den alten Propheten, mit Ausnahme vielleicht des Deuterojesaja, wohl unterscheidet, ist eben dies, daß es bei ihm nicht mehr primär um die Zunkunftsverheißungen geht, sondern um die Ansage einer schon gegenwärtigen Erfüllung.

Ist also Jesus doch als „Messias“ oder wenigstens als Messiasanwärter aufgetreten? Hatte er ein „messianisches Selbstbewußtsein“? Die nachösterliche Gemeinde hat in Jesus den gottgesandten König der Endzeit, den Messias, erkannt. Das Prädikat wurde bald ins Griechische übersetzt als Christós und im griechischen Sprachbereich, wo die messianische Erwartung keine tragende Rolle mehr spielte, sehr bald zum festen Bestandteil des Eigennamens Jesus Christus. Die Evangelien halten freilich den historisch wohl einwandfreien Tatbestand fest, daß Jesus niemals die Messiasbezeichnung sich selbst beigelegt hat; wo Jesus „Messias“ oder „Davidsohn“ genannt wird, sind es stets andere, die diese Bezeichnung einführen. Im Markusevangelium stößt man auf den merkwürdigen Befund des „Messiasgeheimnisses“. Danach bleibt die Messianität Jesu vor den Augen der Öffentlichkeit verborgen, nur die Dämonen sprechen das Geheimnis aus, worauf jedesmal ein Schweigegebot erfolgt. Erst in der Bekenntnisszene spricht Petrus es aus: „Du bist der Messias“, worauf sogleich die erste Leidensankündigung folgt, mit dem bedeutsamen Mißverständnis des Petrus (Mk 8,27–33 par).

Geht man von den sehr verschieden geprägten jüdischen Messiasvorstellungen aus und nimmt man zum Vergleich noch die zelotisch-messianischen Bewegungen hinzu, wie sie uns von *Josephus* geschildert werden, dann wird der Unterschied noch deutlicher. Lehre und Praxis Jesu entsprachen diesen Erwartungen nicht, und der Verzicht auf eine gewaltsame Niederwerfung der Römerherrschaft, den wir bei Jesus finden, unterscheidet seine Bewegung klar von den Zeloten. Da es sich aber wohl um eine Bewegung von einiger Bedeutung gehandelt hat und der eschatologische Charakter dieser Bewegung außer Frage steht, mochten sich an Jesus messianische Erwartungen heften. Wer nicht genau unterschied, der sah wohl auch die Jesus-Bewegung ähnlich wie die zelotischen Umsturzgruppen, zumal der Angriff auf die bestehende Ordnung des jüdischen Gesetzes von den Gesetzesfrommen als revolutionär angesehen werden mußte.

Offen als „König der Juden", mithin als Messiasanwärter, wurde Jesus erst im Pilatus-Prozeß bezeichnet, und dies war denn auch der unmittelbare Anlaß für seine Kreuzigung. Im Messiasbekenntnis der Urgemeinde nach Ostern schwingt stets das Bewußtsein mit, daß Jesus der gekreuzigte Messias ist und daß gerade darin ein gewaltiger Anstoß für jüdisches Empfinden lag. Paulus bringt dies in der klassischen Stelle (1 Kor 1, 18f) mit aller Schärfe zum Ausdruck: „Wir aber verkündigen einen gekreuzigten Messias, für die Juden ein Skandal und ein Unsinn für die Griechen" (1 Kor 1,23). Durch die Verbindung mit dem gekreuzigten und auferstandenen Jesus war freilich der traditionelle Messiasbegriff in einer paradoxen Weise umgebogen. Wir werden also kaum von einem „messianischen Selbstbewußtsein des historischen Jesus" sprechen können; aber wir können feststellen, wie es nach Ostern zum urchristlichen Messiasbekenntnis kam. Von daher hat man auch rückblickend die Jesusüberlieferung in einem messianischen Licht gesehen und das Messiasbekenntnis in die Darstellung der Jesus-Geschichte eingetragen.

Früher konnte man häufig lesen, Jesus hätte zwar, wegen der zwangsläufig damit verbundenen politischen Mißverständnisse, dem Messiastitel gegenüber Zurückhaltung geübt oder ganz darauf verzichtet, aber dafür hätte er den apokalyptischen, politisch unbelasteten Titel „der Menschensohn" als geheimnisvolle Selbstbezeichnung gebraucht. Hier würde man dem eigentlichen Selbstverständnis Jesu begegnen. In der Christologie der vier Evangelien spielt die Bezeichnung „Menschensohn" eine wichtige Rolle, während sie in der neutestamentlichen Briefliteratur, etwa bei Paulus, überhaupt nicht erscheint, dann wieder in der Johannesapokalypse. Es handelt sich also um ein Hoheitsprädikat, das fast ausschließlich in der Jesusüberlieferung seinen Sitz hat. Der apokalyptische Hintergrund dieser Bezeichnung steht außer Frage; die älteste Belegstelle ist die Vision von den vier Tieren und dem Menschensohn im Danielbuch Kapitel 7. Doch ist äußerst schwierig zu sagen, wo man das Bindeglied zwischen dem himmlischen Menschen der Apokalypse und der Jesus-Überlieferung zu suchen hat. Schon die Redeweise ist auffällig; in den Evangelien findet sich die Bezeichnung „Menschensohn" exklusiv nur in Texten, die als Jesus-Wort überliefert sind, dabei spricht Jesus stets vom Menschensohn in der dritten Person, in einer distanzierten Form. Man unterscheidet gewöhnlich drei Arten von Menschensohnworten: solche, die vom kommenden Menschensohn reden, dann solche vom leidenden Menschensohn und schließlich Worte, die sich auf den gegenwärtigen irdischen Menschensohn beziehen. Für die nachösterliche Gemeinde wie für die Evangelisten ist klar, daß zwischen Jesus und diesem Menschensohn eine Identität besteht, für sie ist Jesus der apokalyptische Mensch. Er wird als der eschatologische Hoheitsträger Gottes verstanden, von dem die apokalyptischen Texte reden. Das Argument, das oft vorgebracht wird, da die Menschensohnworte nur als Jesus-Worte vorkommen, müsse man annehmen, daß Jesus auch vom Menschensohn gesprochen hat, auch wenn später Analogiebildungen von seiten der Gemeinde dazukamen, ist von großem Gewicht. Nur hätte dann Jesus diesen Begriff nicht als Selbstbezeichnung gebraucht, sondern ihn offengelassen. Für die älteste Schicht der Menschensohnworte wird häufig das Wort aus der Spruchquelle beansprucht:

„Jeder, der sich zu mir vor den Menschen bekennt, zu dem wird sich auch der Menschensohn bekennen vor den Engeln Gottes. Wer mich vor den Menschen verleugnet, der wird auch vor den Engeln Gottes verleugnet werden“ (Lk 12,8–9).

Zwischen Jesus und dem Menschensohn wird in diesem Spruch deutlich unterschieden. Das Bekenntnis zu Jesus findet hier und jetzt in der Gegenwart statt, und es wird gesagt, daß vom Bekenntnis zu Jesus das Urteil im Endgericht abhängt. Der Ausdruck Menschensohn hat in diesem Text noch ganz seine chiffrenhafte apokalyptische Funktion. Dann hätte sich Jesus einer bekannten, wenn auch nicht gerade gängigen Vorstellung bedient, um damit freilich zu betonen, daß von der Stellung zu ihm, Jesus selbst, das göttliche Urteil im Endgericht abhängt.

Der Begriff des Menschensohnes wird also aufgenommen, um die eschatologische, heilsentscheidende Bedeutsamkeit Jesu zu unterstreichen. In diesem Sinne darf wohl gesagt werden, daß die Bezeichnung Menschensohn in den synoptischen Evangelien – etwas anders liegen die Dinge bei Johannes – mehr als andere Bezeichnungen dazu dient, Jesus als den eschatologischen „Mann Gottes“ zu kennzeichnen. Im übrigen findet auch hier eine weitgehende Umbiegung der überlieferten Menschensohnvorstellung statt, und zwar in allen Schichten. Eine ursprünglich rein visionäre Gestalt wird mit einem konkreten Menschen verbunden und verändert allein schon dadurch ihren ganzen Charakter. Radikal entmythologisierende Funktion haben besonders die Leidensankündigungen (Mk 8,31 par; 9,31f par; 10,33f par), wenn sich mit dem Begriff des Menschensohnes das Leidensgeheimnis Jesu verbindet. Dafür gibt es schlechterdings keine Parallelen mehr; denn hier ist davon die Rede, daß sich in der Passion Jesu das eschatologische Heilsgeschehen vollzieht. Wenn man dann auch im Hinblick auf das irdische Dasein Jesu vom Menschensohn sprach, dann liegt dies ganz in der Linie der Vergeschichtlichung apokalyptischer Begriffe, wie sie für das Urchristentum in Verbindung mit der Person Jesu typisch ist. Die Menschensohnchristologie ist vielleicht das schlagendste Beispiel dafür, daß die Hoheitsprädikate, die man auf Jesus übertrug, durch die Person und die Geschichte Jesu völlig neu definiert wurden.

Über die Gottessohnschaft Jesu wurde schon einiges gesagt. Im christlichen Glaubensbekenntnis spielt diese Bezeichnung Jesu als „Sohn Gottes" eine derart beherrschende Rolle, daß für viele „an Jesus glauben" soviel heißt wie für wahr halten, daß Jesus der Sohn Gottes ist, und zwar im Sinne der späteren Dreifaltigkeitslehre. Aber auch hier können wir nicht einfach von den späteren Entwicklungen ausgehen, sondern wir müssen nach dem Ansatz beim Menschen Jesus fragen.

In sprachlicher Hinsicht ist zu bemerken, daß der Begriff „Sohn Gottes" in den neutestamentlichen Texten nicht von der griechischen Philosophie geprägt war, sondern vom biblischen Offenbarungsverständnis. „Sohn Gottes" wird häufig als Messiasbezeichnung gebraucht, im Anschluß an Psalm 2,7 (vgl. auch die Nathan-Verheißung an David 2 Sam 7,14). Oder der Begriff sagt etwas aus über das besondere Gottesverhältnis Jesu, so häufig in der absolut gebrauchten Bezeichnung „der Sohn"; damit verbindet sich weiter der Offenbarungsgedanke, Jesus ist der Sohn Gottes, weil er die wahre, gültige und bleibende Kunde von Gott bringt. In anderer, mehr hellenistisch geprägter Tradition ist die Sendung des Sohnes durch Gott Ausdruck für das göttliche Heilshandeln in der Geschichte Jesu. Wenn dazu noch der Präexistenzgedanke kommt, wonach Jesus als der Sohn von Ewigkeit verstanden wird, dann ist dies eine letzte theologische Absicherung des Offenbarungsgedankens.

Aber hat Jesus sich selbst als „Sohn Gottes" gewußt? Auch hier ist zunächst zu sagen, daß Jesus selbst sich nicht zum Inhalt und Mittelpunkt seiner Verkündigung gemacht hat; er hat keine Lehre über sich selbst als Sohn Gottes vorgetragen. Das Johannesevangelium nimmt auch hier eine Sonderstellung ein, aber dort handelt es sich um spätere theologische Reflexion über Jesus, nicht um die Verkündigung Jesu selbst. In der Verkündigung Jesu wird die Gottessohnschaft Jesu im Sinne einer besonderen Würde noch nicht thematisch. Ist dies klar, so ist nun aber doch weiter zu sagen: Wenn wir für Jesus, wie früher gesagt, eine besondere Gotteserfahrung annehmen müssen, die seine gesamte Botschaft trägt, und wenn diese Gotteserfahrung sich in seiner Gottesbotschaft vom „himmlischen Vater“ ausspricht, dann muß man wohl auch annehmen, daß Jesus sich als „Sohn Gottes“ verstanden hat, weil etwas anderes der gesunden Vernunft widerspricht. Man muß sich allerdings hüten, in dieses Selbstverständnis all das hineinzuspekulieren, was spätere Theologen darüber zu sagen wußten.

Für das Neue Testament ist das Selbstbewußtsein Jesu an und für sich ziemlich uninteressant, es war an einer Psychologie Jesu und an Bewußtseinsphilosophie nicht interessiert. Dafür zeigt es uns einen Menschen, der aus der Grundhaltung der Gottessohnschaft nämlich aus Vertrauen, Liebe und Hingabe, lebt, und dies ist entscheidend. Man mag dafür den Begriff einer existentiellen Gottessohnschaft aufnehmen, weil für Jesus das dialogische Verhältnis zu Gott bestimmend war. Aber auch dieses Prädikat „Sohn Gottes“ verbindet sich aufs engste mit der Geschichte Jesu, vor allem mit seinem Leiden und seinem Tod am Kreuz. Der Todesgehorsam Jesu ist nach dem neutestamentlichen Zeugnis ein wichtiger Ausweis seiner Gottessohnschaft, seiner radikalen Gottesliebe. Dazu kommt weiter, daß Jesus sein Gottesverhältnis im gleichen Sinne verwirklicht als Liebe zu den Menschen und als Heilsdienst für die Menschen. Wenn sich Jesus als Sohn Gottes verstand, dann offenbar so, daß er daraus die praktische Konsequenz der befreienden Heilsverkündigung und der helfenden, ermutigenden, aufrichtenden Tat ableitete. Seine Gottessohnschaft war nicht als Erhöhung der eigenen Person gemeint, sondern als befreiende Vollmacht der Liebe zu den Menschenbrüdern.

„Sohn Gottes“ ist Jesus, weil durch ihn die radikale göttliche Liebe menschliche Gestalt und Erscheinung angenommen hat, um durch ihn in der Geschichte als Zeichen, als bleibende Verheißung und Aufgabe gegenwärtig zu sein. Ganz in diesem Sinne spricht Paulus vom „Glauben an den Sohn Gottes, der mich geliebt und sich für mich dahingegeben hat" (Gal 3,20). „Sohn Gottes" ist Jesus als der menschlichste der Menschen, der ebendamit auch den dunklen Begriff „Gott" ins Menschliche übersetzte. Von daher wird es wohl verständlich, daß die Bezeichnung „Sohn Gottes" eine überragende Bedeutung bekam, wenn sie auch durch die metaphysische Interpretation eine sehr einseitige Ausprägung erfuhr. Denn der Akzent der mitmenschlichen Solidarität Jesu, der in diesem Begriff ebenfalls liegt – Paulus spricht vom „Erstgeborenen unter vielen Brüdern" (Röm 8,29; vgl. auch Hebr 2,11ff) –, kam dabei doch entschieden zu kurz.

Da wir hier keine vollständige neutestamentliche Christologie vorzulegen haben, müssen wir es bei diesen wenigen Ausführungen belassen. Die Frage „Wer ist Jesus?" läßt sich ohnehin nicht mit einer glatten Formel beantworten. Die Antwort bleibt stets daran gebunden, welche Erfahrungen ein Mensch in seinem eigenen Leben mit Jesus und seiner Botschaft macht.

VIII. Ostern und Glaube

Jesus wollte mit seiner Botschaft Menschen gewinnen für die Sache Gottes, eines liebenden Gottes, dessen Sache, so wie Jesus sie verstand und lehrte, keine andere war als das Heil und das Leben des Menschen. Die vorausgehenden Kapitel haben vielleicht doch zeigen können, daß eine Einheit, ein innerer Zusammenhang besteht zwischen der Botschaft von der nahen Gottesherrschaft, der Ethik Jesu, dem Gottesverständnis, den Zeichen der Gottesherrschaft und der Person Jesu selbst. In der Jesusüberlieferung finden sich genügend Hinweise, die uns zeigen, wer Jesus war, was er gewollt und gewirkt hat. Nur am Rande sei vermerkt, daß im Rahmen dieser Darstellung nicht alles so ausführlich besprochen werden konnte, wie es an sich nötig wäre; doch dürften die wichtigsten Themen zur Sprache gekommen sein.

Freilich, eine neue Religion hat Jesus von Nazareth nicht gründen wollen; das Bekenntnis zu dem Einen Jahwe, den der Mensch mit ganzem Herzen lieben soll, hat Jesus im Hauptgebot noch einmal eigens bekräftigt. Die eschatologische Heilsbotschaft ist historisch auf keinem anderen Hintergrund vorstellbar als auf dem jüdischen im Zeitalter der Apokalyptik. Was Jesus brachte, war die eschatologische Vertiefung des biblischen Gottesglaubens im Sinne des radikal verstandenen göttlichen Heilswillens, die Befreiung von Religion und Ethos aus der Enge einer starren, weit verzweigten Gesetzlichkeit, ein Beiseiteräumen zahlreicher Vorurteile und Schranken, die den Blick auf den Menschen und seine wirkliche Not verstellten, die Ablehnung einer Haltung, die meinte, durch eine Vielzahl frommer Leistungen Gott befriedigen zu können oder auch menschliches Leben für die Sache Gottes opfern zu müssen. Gegen die religiösen Institutionen des Judentums, das Priestertum und den Tempelkult, hat Jesus nicht polemisiert, sondern er hat sie links liegen lassen; sie kommen in der synoptischen Jesusüberlieferung kaum vor. Die Polemik Jesu richtet sich vor allem gegen die Pharisäer, und zwar gegen deren Herzenshärte und Heuchelei. Das ist nicht persönlich gemeint. Jesus hat nicht bestritten, daß es unter den Pharisäern solche Fromme gab, die begriffen hatten, worauf es ankam. Getroffen wird von dieser Polemik im Grunde das gesetzlich-kasuistische System des Pharisäismus. Dieses verabsolutierte System bringt faktisch den Menschen dazu, daß er um einer erhabenen göttlichen Ordnung willen elementare menschliche Bedürfnisse, vor allem Barmherzigkeit und Güte, vernachlässigt, weil er meint, mit seinem frommen Gesetzeseifer die Sache Gottes vertreten zu müssen. Daß aber nicht das Gesetz, sondern der Mensch die Sache Gottes ist, ist hier nicht radikal genug gesehen. Gleichzeitig züchtet das System auch faktisch die Heuchelei, weil mit dem gesetzlichen Leistungsstreben nicht nur die Absicht frommer Selbstbestätigung sich verbindet, ebenso die nach sozialer Anerkennung, sondern auch weil der so verstandene „Fromme“ die Solidarität mit dem Mitmenschen, vor allem mit dem schuldig Gewordenen, dem Sünder, verweigert. Der Zaun der eigenen Gesetzes- und Ordnungsfrömmigkeit wird auf diese Weise auf Gott hinaufprojiziert, und die Freiheit der göttlichen Liebe, die gerade den Sünder oder, richtiger, alle als Sünder aufnimmt, wird auf den Kreis der Musterfrommen beschränkt.

„Ist dein Blick etwa böse, weil ich gütig bin?“ (Mt 20, 15.) Mit dieser Frage an die Hörer schließt das Gleichnis von den Arbeitern im Weinberg. Man könnte sagen, daß die Botschaft Jesu den Menschen genau vor diese Frage stellt. Sie rührte, obwohl oder gerade weil es ihr um das rechte Gottesverhältnis geht, das aber zugleich sein bestimmtes Kriterium daran hat, daß es das Wohl und das Heil des Menschen auf allen Ebenen einschließt, an die fraglos gültigen Fundamente des herrschenden Frömmigkeitssystems. Seit Jesus ist es unmöglich, Gott und den Menschen gegeneinander auszuspielen. Es wäre freilich höchst ungerecht, hier nur an die jüdische Gesetzesfrömmigkeit zu denken. Denn die Vergesetzlichung, die auch im institutionalisierten Christentum in verschiedener Hinsicht wieder stattgefunden hat, ist von der Kritik Jesu ebenso getroffen.

Obwohl die Botschaft Jesu ihren genuinen Ort im Judentum hat, geht sie im Judentum doch nicht auf, ist sie nicht einfach eine weitere Spielart des Judentums, sondern sie überschreitet dessen Grenzen an zahlreichen Stellen. *Martin Buber* hat darauf hingewiesen, wenn er sagt: „Jesus habe ich von Jugend auf als meinen großen Bruder empfunden. Daß die Christenheit ihn als Gott und Erlöser angesehen hat und ansieht, ist mir immer als eine Tatsache von höchstem Ernst erschienen, die ich um seinet- und um meinetwillen zu begreifen suchen muß... Gewisser als je ist es mir, daß ihm ein großer Platz in der Glaubensgeschichte Israels zukommt und daß dieser Platz durch keine der üblichen Kategorien umschrieben werden kann.“ [12] Man wird das, was bei Jesus über das historische Judentum zur Zeit des zweiten Tempels hinausgeht und bereits wichtigste Ansätze des späteren christlichen Glaubens

[12] Zwei Glaubensweisen, Werke I (München 1962) 675.

enthält, also nicht erst dem Apostel Paulus zusprechen können, auch nicht der Urgemeinde, auch wenn man die Veränderungen des Glaubensbewußtseins in der nachösterlichen Gemeinde nicht verharmlosen darf. Jesus selbst hat durch seine Botschaft und durch sein Wirken die entscheidenden Anstöße gegeben dafür, daß der biblische Glaube seine „nationalen" Bindungen und Schranken überwand und zu einer neuen Form gefunden hat, die für alle Menschen annehmbar werden konnte.

Betrachtet man die verschiedenen missionarischen Ansätze, vor allem des hellenistischen Diasporajudentums, wo der jüdische Monotheismus durchaus im Sinne einer allgemeinen Menschheitsreligion verstanden wurde, dann sieht man auch die ungelösten Probleme, die sich von der spezifischen Eigenart des jüdischen Glaubens her einer intensiveren missionarischen Tätigkeit in den Weg stellten. Das Gesetz war eben nicht nur Ethik, sondern enthielt auch die zahllosen Reinheitstabus und Speisevorschriften, die auf die Heiden befremdlich wirkten. Um volles Glied der jüdischen Glaubensgemeinde zu werden, mußte man die Beschneidung akzeptieren und auch faktisch ein Glied des jüdischen Volkes werden. Die Kluft zwischen dem jüdischen Volk mit seinem besonderen Selbstverständnis und den Heidenvölkern war also durch die Bekehrung zum Judentum nicht zu überwinden; es gab vom derzeitigen Status des jüdischen Volkes aus keinen Weg nach vorne. Wollte man hier wirklich weiterkommen, dann bedurfte es einer mutigen und radikalen Vereinfachung des Glaubens auf seine zentralen und wesentlichen Momente, einer Reduzierung des Gesetzes auf wenige, gültige und einsichtige Grundforderungen, und genau dieses hat Jesus in überlegener Freiheit und Autorität vollbracht.

Die Botschaft Jesu enthält jenen virtuellen Universalismus, wie er den tiefsten Absichten des biblischen Glaubens entsprach. Bei ihm glückte der dynamische Umschlag ins Allgemein-Menschliche, und zwar nicht mit Hilfe einer universalistischen Theorie, sondern dadurch, daß er den Menschen, der sein Heil von Gott erwartet, ins Zentrum seines Wirkens rückte. Gegenüber den verschiedenen Fronten und Parteibildungen des Judentums, wie sie uns bekannt sind, fällt besonders auf, daß Jesus die falschen Alternativen vermied, wie sie damals gang und gäbe waren, wie die Alternative zwischen dem heiligen Gottesvolk und der heidnischen Weltmacht und die andere zwischen der abgesonderten Gemeinde der Gerechten und den Gruppen der Ungerechten, Frevler usw. Von diesem dualistischen und in seinen Konsequenzen verhängnisvollen Freund-Feind-Denken war Jesus anscheinend völlig frei. Die christliche These, daß in Jesus die biblische Offenbarung zu ihrer reinsten Erfüllung gelangt sei, hat in dem, was Jesus lehrte, ein gutes historisches Fundament.

Doch mit seiner Botschaft hatte Jesus nur einen geringen Erfolg. Die Jünger, die er gewann, kamen hauptsächlich aus Galiläa und gehörten größtenteils nicht zu den Kreisen, die damals die jüdische Gesellschaft prägten, vielleicht waren einige Zeloten darunter. Die führenden Kreise Jerusalems, insbesondere der Priesteradel, nahmen die Botschaft Jesu selbst nicht an; dabei mögen auch die sozialen Unterschiede zwischen der Oberklasse und dem Niedervolk, aus dem Jesus selbst kam und an das er sich auch vornehmlich wandte, eine Rolle gespielt haben. Jesus ist gescheitert und wurde schließlich als jüdischer Ketzer und als Pseudomessias hingerichtet. An dieser harten Tatsache kommt man nicht vorbei; sie bildet auch keine Randerscheinung, die man als tragischen Zufall ausklammern könnte.

Die Botschaft vom göttlichen Heil und der Verbrechertod ihres menschlichen Boten stehen zueinander in einer unerträglichen Spannung. Die biblischen Texte haben diese Spannung auch in ihrer ganzen Härte stehen lassen. Sie wird noch verstärkt durch den Umstand, daß sie die Frage „Was ist das für ein Gott, der seinen Mann so hat fallenlassen?“ unweigerlich nach sich zieht. Das Kreuz Jesu bildet nicht nur den schärfsten Einwand gegen die von Jesus verkündigte Botschaft vom nahen Gottesreich, sondern auch gegen den rettenden Gott. Die radikale Krise Gottes selbst in der Gottverlassenheit Jesu gehört in die Mitte der christlichen Glaubensbotschaft. Die Signale der Hoffnung, der Verheißung und der Heilszuversicht, wie sie in der Reichsbotschaft Jesu aufklingen, bekommen durch das Faktum des Kreuzes eine Disharmonie, für die es keine Auflösung mehr gibt.

Oder gibt es sie doch? Denn das Neue Testament enthält doch auch die Botschaft von der Auferstehung Jesu! Und hat nicht der Osterglaube dazu geholfen, das dunkle Rätsel des Kreuzes in einem neuen, alles überstrahlenden Licht zu sehen? Tatsächlich verstehen die neutestamentlichen Zeugnisse von der Auferwekkung Jesu Ostern als eine oder, besser, als *die* Antwort auf das Kreuz, aber, und daran hängt zunächst einmal alles, nicht als eine menschliche, sondern als die göttliche Antwort. Das heißt negativ, jede Reduktion des Osterglaubens auf ein rein hermeneutisches Schema historischer oder psychologischer Art wird dem besonderen Phänomen des Osterglaubens nicht gerecht.

Zunächst gibt es hier keine andere Möglichkeit, als die neutestamentlichen Zeugnisse genau abzuhören, was sie über Ostern sagen und wie sie von diesem Geschehen sprechen. Dabei läßt sich zunächst beobachten, daß Ostern nirgends als ein Produkt des Jüngerglaubens erscheint, sondern umgekehrt: der Glaube der nachösterlichen Jüngergemeinde ist das unmittelbare Ergebnis von Ostern. Von welcher Seite man auch an die Sache herangehen mag, man kommt, wenn man sich an die Zeugnisse hält und nicht historisch spekuliert, nicht daran vorbei, eine radikal neue Erfahrung der Jünger mit Jesus nach seinem Tod am Kreuz anzunehmen, eine Erfahrung, in der ihnen die Person Jesu in jener Lebendigkeit begegnet ist, die von der Gemeinde als ewiges, göttliches Leben verstanden und in der Botschaft von der Auferweckung Jesu durch Gott formuliert wurde.

Die Diskussion um die Auferstehung Jesu hat wohl mit Recht ergeben, daß man Ostern nicht als „historische Tatsache" verstehen kann; auch handelt es sich nicht um die Rückkehr eines Toten in das Diesseits. Mit spiritistischen Erscheinungen hat Ostern schlechterdings nichts gemein. Vielmehr gehört Ostern in den Bereich der authentischen Theophanie, die der Mensch nicht machen kann, sondern die ihm widerfährt. Ostern ist das Zeugnis, daß mit der Geschichte Jesu in ihrer ganzen Spannung und Rätselhaftigkeit das radikale Geheimnis Gottes verbunden ist, das endgültige Ja Gottes; daß dieser Jesus so sehr auf die Seite Gottes gehört, daß man für alle Zukunft den Begriff „Gott" nicht mehr ohne den Namen Jesus von Nazareth verstehen kann, und umgekehrt, daß Gott für alle Zukunft in der Geschichte dieses Menschen zu finden ist und damit in der menschlichen Geschichte überhaupt. Ostern hat das Kreuz nicht entschärft, im Gegenteil: Ostern hat das Kreuz Jesu bestätigt. Nun freilich so, daß auch die Hoffnungen und Verheißungen, die sich an Jesus knüpfen, mit dem Kreuz verbunden bleiben und dadurch ihre radikale eschatologische Gültigkeit behalten; das Kreuz Jesu ist die untrügliche Scheidemarke zwischen Utopie und eschatologischer Hoffnung.

Die Evangelien zeigen, daß der Osterglaube notwendig dazu führte, Person und Botschaft des historischen Jesus nicht als etwas Vergangenes abzutun, sondern gerade umgekehrt, sie erst recht festzuhalten und erneut nach ihrer Gegenwarts- und Zukunftsbedeutung zu fragen. Ostern ist die Bestätigung des historischen Jesus und insofern auch die theologische Legitimation der „Frage nach dem historischen Jesus".

B. Was Jesus heute will
Überlegungen zur Ethik Jesu

I. Die Frage nach dem historischen Jesus

Wenn wir uns einlassen auf die Frage, was Jesus heute will, dann müssen wir zuerst fragen, was denn der historische Jesus von Nazareth tatsächlich gewollt hat, damals in seiner Zeit und für die Menschen seiner Zeit. Sonst erliegen wir der Gefahr, Jesus selbst zu manipulieren, ihn auf unsere Vorstellungen und Wünsche, Lieblingsbegriffe und Absichten festzunageln. Die historische Fragestellung, so unpopulär sie heute oft erscheint, hat die Funktion einer kritischen Selbstvergewisserung, ohne die das menschliche Denken, auch das theologische, blind, selbstgerecht, autoritär und abergläubisch wird, das Gegenteil von geistiger Freiheit und freudigem Glauben. Freilich, daß wir bei aller reflektierenden Zurückhaltung die Botschaft Jesu, wie sie das Neue Testament vermittelt, auch in eigener Verantwortung für uns interpretieren, aufschließen, erläutern und weiterdenken müssen, ist unumgänglich. Doch würde man der fruchtbaren Auseinandersetzung, wie gerade die geschichtliche Distanz sie ermöglicht, von vornherein sich begeben, wollte man das eigene dogmatische oder auch kritische Jesusbild, das man ohne dies mitbringt, naiv zum Kriterium dafür machen, was Jesus uns allenfalls noch zu sagen hat und was nicht. Das apokryphe Herrenwort, das Jesus zu einem Mann gesprochen haben soll, den er am Sabbat auf dem Felde arbeiten sah, darf man auch auf unsere Arbeit anwenden: „Mensch! Wenn du weißt, was du tust, bist du selig! Wenn du es aber nicht weißt, bist du verflucht und ein Übertreter des Gesetzes.“ [1] Die Offenheit des Verstehens bewährt sich darin, daß sie das Fremde nicht ablehnt, sondern zuläßt. Die Frage nach Jesus führt in Lernprozesse besonderer Art [2].

II. Der Hintergrund der Apokalyptik

Beim Problem des historischen Jesus bewegt die exegetische Forschung sich bekanntlich auf schwierigem Gelände. Dies hängt mit der Eigenart der vier Evangelien zusammen, die unsere einzigen brauchbaren Quellen für Jesus sind. Sie enthalten die Jesus-Überlieferung nicht in reiner, sondern in interpretierter Form. Es geht jetzt nicht darum, das technische Verfahren der historischen Rückfrage genauer zu erläutern. Man muß mit längeren Überlieferungstendenzen, mit Trends rechnen. Solche Trends erlauben eine präzisere Aussage über charakteristische Eigenarten der Je-

[1] Cod. D nach Lk 6,4; vgl. *Hennecke-Schneemelcher,* Neutestamentliche Apokryphen I (Tübingen ³1959) 55.

[2] Für die in diesem Aufsatz vorgetragene Auffassung, vor allem der Apokalyptik, verdanke ich am meisten den Arbeiten von *Martin Hengel,* Die Zeloten (Leiden/Köln 1961) und Judentum und Hellenismus (Tübingen 1969). Vor allem die letztere hat für die Beurteilung der Apokalyptik neue Perspektiven eröffnet, die auch für die neutestamentliche Exegese folgenreich sein dürften. – *H. Braun,* Qumran und das Neue Testament 2 Bde. (Tübingen 1966) ist als Orientierung für die einschlägigen Probleme und Literatur sehr hilfreich. – *K. Schubert,* Die jüdischen Religionsparteien im Zeitalter Jesu, in: Der historische Jesus und der Christus unseres Glaubens (Wien–Freiburg–Basel 1962) 15–101; *ders.,* Die Entwicklung der eschatologischen Naherwartung im Frühjudentum, in: Vom Messias zum Christus (Wien–Freiburg–Basel 1964) 1–54; *A. Strobel,* Kerygma und Apokalyptik (Göttingen 1967). – Generell wird man sagen müssen, daß durch die „existentiale Interpretation“ *R. Bultmanns* die apokalyptisch-eschatologische Fragestellung entschärft und in eine bestimmte Richtung gedrängt wurde, die sich in der Forschung noch bis heute auswirkt; eine Folge davon ist die negative, verzerrte Auffassung von „Apokalyptik“ im Unterschied zur „Eschatologie“. Typisch dafür ist auch *M. Buber,* Prophetie und Apokalyptik, Werke II (München 1964) 925–942. – Zur Kritik an dieser Auffassung vgl. auch *G. Scholem,* Zum Verständnis der messianischen Idee im Judentum, in: Judaica (Frankfurt a. M. 1963) 7–74, bes. 21 ff.

sus-Überlieferung. Die Echtheitsfrage ist dabei nicht so wichtig; sie läßt sich ohnedies nur annäherungsweise beantworten. Wichtiger ist der Vergleich mit dem jüdischen Hintergrund.

Es zeigt sich in der augenblicklichen Situation der Exegese immer deutlicher, daß die *immanente Interpretation* der Evangelien mit ihren Stecknadelmethoden nicht zureicht und oft keine überzeugenden Aussagen mehr zu gewinnen vermag. Vielmehr gewinnt die Eigenart der Jesusbotschaft und der Jesusbewegung ihre scharfen Konturen gerade dann, wenn man sie ganz vor dem Hintergrund der „apokalyptischen Epoche" des Judentums sieht. Unter der „apokalyptischen Epoche" ist zu verstehen die Zeit vom Makkabäeraufstand 167 v. Chr. bis zum Jüdischen Krieg mit dem Ende des zweiten Tempels im Jahre 70 n. Chr. bzw. bis zum Bar-Kochba-Aufstand 135 n. Chr. [3] Die Qumrantexte haben nicht nur das Bild dieser Epoche ungeheuer bereichert, sondern auch die große Bedeutung der Apokalyptik für diese ganze Zeit dargetan. Von einer einheitlichen Epoche zu sprechen ist deshalb berechtigt, weil dieser Zeitraum vom Makkabäeraufstand bis zum Bar-Kochba-Aufstand eine Reihe gemeinsamer, typischer Merkmale aufweist und seine spezifischen Probleme hat.

Da geht es zunächst um die Auseinandersetzung mit der Fremdherrschaft, der „heidnischen Weltmacht", das heißt mit den Mächten, die jeweils die politische Macht über Judäa beziehungsweise Palästina ausüben. Zunächst handelt es sich um die Seleukiden und um die Hellenisierungsbestrebungen, dann nach dem

[3] Daß es sich um eine besondere „Epoche" des Judentums handelt, wurde schon gesehen von *Bousset-Gressmann,* Die Religion des Judentums im späthellenistischen Zeitalter.HNT 21 (Tübingen 1926) 1, und von *Hengel,* Judentum und Hellenismus, erneut begründet. Diese Sicht ist bereits die des *Flavius Josephus,* De Bello Judaico. Ed. *Michel-Bauernfeind* (Darmstadt 1959–69) [vgl. auch die Gesamtausgabe der Loeb-Classical Library (Cambridge-Mass. 1966–68) Text nach *B. Niese* mit engl. Übers., VIII Bde, BJ = Bd III und IV]. Danach beginnt die Vorgeschichte des „Jüdischen Krieges" mit dem Makkabäeraufstand, BJ I, 1. Kapitel. – In der Fachterminologie hatte sich dafür die Bezeichnung „Spätjudentum" eingebürgert, während *K. Schubert* die Bezeichnung „Frühjudentum" einführen möchte, Naherwartung 1. Dagegen scheint die Bezeichnung: „Apokalyptisches Zeitalter" sachlich am meisten angemessen.

Zwischenspiel der Hasmonäer und des Königs Herodes des Großen um die Herrschaft der Römer. Die Auseinandersetzung mit der heidnischen Weltmacht, deren Regiment weite jüdische Kreise als untragbar für das heilige Gottesvolk empfanden, bildet ein konstantes Problem dieser Zeit. Hier waren politische und religiöse Probleme vielfältig ineinander verzahnt.

Im Widerstand gegen die Hellenisierungstendenzen unter Antiochus IV. hatte für die „Frommen" die Bedeutung der Gesetzesfrömmigkeit sich ganz erheblich gesteigert. Jetzt gibt es den typischen „Eifer für das Gesetz" und die Traditionen der Väter, die rigorose Gesetzesfrömmigkeit, wie sie von den Pharisäern und Essenern praktiziert wurde[4]. Speisegesetze und Reinheitsgebote – letztere galten ursprünglich fast nur für die Priester – gewinnen geradezu Bekenntnischarakter. Eifersüchtig wachte man über die Heiligkeit des Tempels und der Heiligen Stadt Jerusalem.

Die Apokalyptik endlich, von Käsemann mit Recht als die „Mutter der christlichen Theologie" bezeichnet[5], mit ihren Problemen der Naherwartung des kommenden Weltgerichts und des Endheils, der messianischen Hoffnungen, ihren sehr verschiedenartig geprägten Vorstellungen kann heute nicht mehr als die Sache lediglich frommer Konventikel, der „Stillen im Lande" angesehen werden. Sie bildet neben der Gesetzesfrömmigkeit die Hauptströmung der lebendigen Theologie dieser Zeit.

Die vier großen jüdischen Religionsparteien, die priesterlich-

[4] *Hengel,* Judentum und Hellenismus 563: „Durch den gescheiterten Versuch der hellenistischen Reformer, die Tora mit Gewalt abzuschaffen, wurde die geistige Entwicklung geradezu auf die Tora fixiert". – *Meyer,* Art. Φαρισαῖος, ThWNT IX. A. Der Pharisäismus im Judentum, 11–36. Der Pharisäer will „durch Isolierung... die Reinheit... und Heiligkeit..., die dem Priester während seines Dienstes am Heiligtum eignet, in den Alltag übernehmen und damit die aus dem Gesetz entspringenden Lebenskräfte im weitesten Sinne des Wortes wirksam machen", a.a.O. 15.

[5] *E. Käsemann,* Die Anfänge christlicher Theologie, in: Exegetische Versuche und Besinnungen II (Göttingen 1964) 82–104. „Die Apokalyptik ist – da man die Predigt Jesu nicht eigentlich als Theologie bezeichnen kann – die Mutter aller christlichen Theologie gewesen", a.a.O. 100. – *Ders.,* Zum Thema der urchristlichen Apokalyptik, a.a.O. 105–131.

aristokratischen *Sadduzäer,* die *pharisäische* Partei, die *Essener* und die *Zeloten* gehören ganz in diesen Rahmen. Ihre Stellung läßt sich ziemlich genau danach bestimmen, wie sie zu den drei Faktoren der *Fremdherrschaft,* der *Gesetzesfrömmigkeit* und der *Apokalyptik* standen. Natürlich gab es da Überschneidungen; die Verquickung politischer und religiöser Ambitionen und Motive muß man allerdings im Auge behalten, wenn man den Komplex der messianischen Hoffnungen im Judentum auch nur einigermaßen verstehen will. Wer damals als Lehrer oder Prophet auftrat, geriet unweigerlich in diese Problematik hinein, auch dann, wenn er eine „rein religiöse", nicht-politische Absicht hatte.

Von diesem zeitgeschichtlichen Hintergrund aus betrachtet, bilden die Taufbewegung Johannes des Täufers und die Jesus-Bewegung, die, wie das NT bezeugt, in einem genuinen Zusammenhang miteinander stehen, zunächst nichts anderes als eine weitere besondere Spielart der eschatologisch-apokalyptischen Naherwartung des Judentums. Ihre Besonderheit liegt darin, *wie Johannes und Jesus diesen Gedanken der eschatologischen Naherwartung aufnahmen, wie sie ihn theologisch interpretierten und welche praktischen Konsequenzen sie daraus zogen.* Im übrigen gilt das Urteil M. Hengels, wenn er sagt: „Die Geschichte des palästinensischen Judentums zwischen Daniel und Bar Kochba ist weithin eine Geschichte von Blut und Tränen."[6] Man darf noch hinzufügen, eine Zeit religiöser, politischer und sozialer Unsicherheit und Angst.

Die erste Frage lautet also: Welche besonderen Konturen gewinnt die jüdische Eschatologie in der Verkündigung Johannes des Täufers und Jesu? Dabei kann als allgemeine Voraussetzung festgehalten werden: Die ursprünglichen Adressaten dieser Verkündigung sind in beiden Fällen die Juden, das jüdische Volk in seiner Gesamtheit. Weder Johannes noch Jesus konnten im Rahmen der ihnen geschichtlich vorgegebenen Verhältnisse daran denken, mit ihrer Botschaft die gesamte Menschheit, Juden und

[6] *Hengel,* Judentum und Hellenismus 354.

Heiden, anzusprechen. Wenn man hier überhaupt von einer Universalität reden kann, dann handelt es sich hier um die Gesamtheit des jüdischen Volkes ohne Rücksicht auf die besonderen Gruppenbildungen innerhalb der damaligen jüdischen Gesellschaft, nicht um die Menschheit als solche. Historisch gesehen, lautet das Problem, das hier vorliegt, so: Warum kam es, trotz des universalen Monotheismus im jüdischen Gottesglauben, im Judentum damals nicht zu einer universalen Menschheitsreligion, und warum brachte es die von Jesus ausgehende Bewegung erst ganz zu diesem Ergebnis[7]? Zunächst jedenfalls geht es um eine innerjüdische Auseinandersetzung. Wir haben es mit einer geschichtlich gezielten und situierten Botschaft zu tun, nicht mit einer zeitlosen, ungeschichtlichen Wahrheit.

III. Der Neuansatz bei Johannes dem Täufer

Versucht man nun die Eigenart der Verkündigung zunächst Johannes des Täufers[8] genauer zu kennzeichnen, dann ergibt sich, daß hier die eschatologische Erwartung kritisch gegen das jüdische Volk selbst gewendet wird. Nehmen wir als Beispiel den Text, den die Logienquelle als Täuferwort überliefert (Mt 3,7–10 und Lk 3,7–9):

„Er sprach nun zu den Scharen, die hinauskamen zu ihm, um sich taufen zu lassen:
‚Ihr Natternbrut, wer hat euch gelehrt, dem kommenden Zorngericht zu entkommen?
Bringt Früchte, wie sie der Umkehr würdig sind!
Und laßt uns ja nicht den Gedanken einfallen: Wir haben ja Abraham zum Vater!

[7] Vgl. dazu *Hengel,* Judentum und Hellenismus 569 f.

[8] Dazu *J. A. Sint,* Die Eschatologie des Täufers, die Täufergruppen und die Polemik der Evangelien, in: Vom Messias zum Christus 55–163. – *H. Braun,* Qumran und das NT II. § 1, Der Täufer, die Täufertaufe und die christliche Taufe 1–29.

Denn ich sage euch: Gott kann aus diesen Steinen da dem Abraham Kinder machen.

Schon ist die Axt an die Baumwurzel angelegt; jeder Baum, der keine gute Frucht bringt, wird ausgehauen und ins Feuer geworfen.'"

Der Text dürfte einigermaßen authentisch sein. Wir finden darin die eschatologische Vorstellung vom Endgericht; die Frage, wer im Endgericht bestehen kann; dann den Naherwartungsgedanken: es ist die höchste Zeit, denn schon liegt die Axt an der Baumwurzel, man muß also schnell handeln, bevor sie zuschlägt. Das sind weithin Gemeinplätze der jüdischen Apokalyptik. Aber diese Gemeinplätze werden in einer höchst originellen Weise aufgenommen und eingesetzt. Der Gedanke, daß ganz Israel oder die Abrahamskinder ganz selbstverständlich am kommenden Endheil teilhaben werden, war sehr verbreitet. Das Gericht gilt den Heiden und denen, die als Gesetzlose und Frevler mit ihnen gemeinsame Sache machen. Alle diese Frevler wird das Endgericht vernichten und Israel endgültig in die verdiente Stellung aufrücken lassen. Dann wird Jerusalem zum Mittelpunkt der Welt und die Tora zum Weltgesetz. Daß Gott dabei auf seiten seines Volkes stehen würde, war eine ausgemachte Sache. Das Täuferwort zielt nun genau in diese Kerbe. Eben diese naive, wir würden heute sagen triumphalistische Zukunftserwartung teilte der Täufer offenbar nicht. Nicht um die Heidenvölker geht es, sondern in erster Linie um Israel selbst. Der Gerichtsgedanke erscheint da plötzlich nicht mehr als Trost der Frommen, die sich an der Vernichtung der Gottesfeinde sattsehen dürfen, sondern als die Aufforderung an Israel, sich auf sein Gottesverhältnis zu besinnen und sich zu fragen, ob hier die Sache stimmt. Die Abrahamskindschaft ist keine zureichende Heilsgarantie, denn Gott kann, wenn er will, aus den Steinen Abrahamskinder machen. Das Bildwort verweist drastisch auf die unbedingte und überlegene Souveränität Gottes, der sich nicht auf menschliche Heilsvorstellungen festlegen läßt. Ihm darf man sich nur mit den Früchten der Umkehr nahen.

Was ist hier geschehen? Wer das AT kennt, der sieht sich an den alten Gegensatz zwischen den Heilspropheten, die dem Volk nach dem Munde reden und nur Gutes voraussagen, und den Unheilspropheten, die das drohende Strafgericht ankündigen, erinnert. Wenn etwa der Prophet Amos sagt: „Finsternis ist der Tag Jahwes, nicht Licht" (vgl. Am 5, 18–20), dann wird dort die große Heilserwartung ähnlich umfunktioniert wie bei Johannes dem Täufer die eschatologische Hoffnung. Dies scheint mir der entscheidende Punkt in der Eschatologie Johannes des Täufers zu sein. Wichtig ist nicht bloß, daß Johannes apokalyptisch denkt wie damals alle Welt, sondern daß er das apokalyptische Denken kritisch aufnimmt und einsetzt, nämlich gegen jeden religiösen Sicherheits- und Machtanspruch des frommen Israel. Nicht die Selbstsicherheit in Gegenwart und Zukunft zählt vor Gott, sondern die Umkehr, die Selbstkritik. Dabei gewinnt der Gottesgedanke seine alte prophetische Größe zurück. Die Aussage, daß Gott auch aus den Steinen Abrahamskinder machen kann, meint nicht einen magischen göttlichen Allmachtsbegriff. Wo von der Umkehr des Menschen gesprochen wird, da ist die Freiheit mit im Spiel, da handelt es sich nicht um Magie. Die scheinbar magische Formulierung dient vielmehr selbst dazu, die Heilserwartung zu entmagisieren; die magisch denkende Heilszuversicht wird ja gerade zertrümmert.

In diesem Rahmen hat auch die Naherwartung ihren Sitz; sie bekommt eine neue Funktion. Auch der Gedanke der Naherwartung des baldigen Endes gehört zur apokalyptischen Topologie. Man hätte dies nie bestreiten sollen, auch für die Botschaft Jesu nicht. Gewöhnlich wird der Unterschied so markiert, daß man sagt: Die Apokalyptiker hätten gerne das Ende vorausberechnet; Jesus habe das nicht getan, sondern die Frage nach dem Endtermin bewußt offengelassen. So können wir aber heute nicht mehr argumentieren; denn die Berechnung des Endtermins gehört auch in der jüdischen Apokalyptik nicht unbedingt zur Naherwartung, wenn sie auch da und dort vorkommt. Es handelt sich bei der Terminberechnung also um ein sekundäres Moment der Naherwartung, deren eigentliches Verständnis verdunkelt wird, wenn man bei der

Terminfrage ansetzt. Das bekannte Problem, ob Jesus sich geirrt habe, wenn er die Naherwartung teilte und die merkwürdigen exegetischen und dogmatischen Diskussionen, die sich daran knüpfen, ist, wie wir gleich sehen werden, ein verhängnisvolles Mißverständnis der Naherwartung. Die jüdischen Frommen verbinden mit der eschatologischen Naherwartung die Hoffnung auf das baldige Ende der Zeiten der Drangsal. Die Apokalyptik hat, was oft vergessen wird, einen sehr ernsten und blutigen Hintergrund. Sie ist aus der Religionsverfolgung, man kann durchaus sagen, aus dem Martyrium erwachsen. Die Naherwartung ist nicht anderes als der brennende Wunsch, daß die Verfolgungszeit und alle damit verbundene Not ein baldiges Ende nehmen möchte. Dieser Wunsch steigert sich zu der an sich großartigen Vision vom Ende aller menschlichen Bedrängnis, aller Not und Unterdrückung, von Krieg, Elend und Leiden überhaupt; oder positiv zur Idee des kommenden messianischen Friedensreiches, der seligen Herrschaft Gottes.

Dazu kommt der endgültige Sieg der Frommen. Bei Johannes dem Täufer wird nun auch dieser Gedanke radikalisiert und kritisch umgebogen, nämlich so: Es kommt primär nicht darauf an, von der Zukunft das Ende aller Not zu erwarten; entscheidend ist vielmehr die Umkehr heute, hier und jetzt. Heute schon soll der Mensch damit anfangen, Früchte der Umkehr, neue gute Taten hervorzubringen. Der Gedanke der Naherwartung wird da zum religiösen und ethischen Appell.

Für die unterdrückten Frommen war die Naherwartung die trosterfüllte Durchhaltemaxime, dies ist ihr erster und ursprünglicher Sinn. Dann bezog man sie auf das Ende aller Not überhaupt, das man vom baldigen wunderbaren göttlichen Eingriff erwartete. Noch bei der Belagerung Jerusalems durch die Römer im Jahre 70, als man in der Stadt schon nichts mehr zu essen hatte, wurde die wunderbare Rettung des Tempels erwartet [9]. Dieser magische Zug wird bei Johannes dem Täufer aus der Naherwartung heraus-

[9] *Flavius Josephus* BJ VI, 285 f.

gebrochen. Aus dem apokalyptischen Dogma wird ein Dringlichkeitsappell zum menschlichen Handeln, ein Aufruf zur Tat.

Damit erfogt bereits eine grundlegende Wende, die für die Botschaft Jesu noch nachdrücklicher gilt; denn hier wird die Verbindung zwischen Eschatologie und Ethik hergestellt. Der Naherwartungsgedanke hat nun seine neue Funktion, als Bindeglied zwischen Eschatologie und Ethik; er wird zum Dringlichkeitsmotiv für entschlossenes Handeln. Von daher gibt es im Grunde keinen inneren Widerspruch zwischen einer eschatologischen Hoffnung, die das Endheil von Gott erwartet, und einer Ethik, die an das menschliche Tun appelliert.

Wo liegt also das Besondere dieses apokalyptischen Neuansatzes bei Johannes dem Täufer? Einmal in der radikalen Vereinfachung der apokalyptischen Gedankenwelt. Ein Vergleich mit der apokalyptischen Literatur würde im Endergebnis konstatieren, was alles beim Täufer wegfällt. Sodann in der kritischen Umkehrung der Apokalyptik gegen das herrschende jüdische Denken. Dabei gewinnt der Gottesgedanke in Verbindung mit dem Gerichtsgedanken seinen prophetischen Ernst wieder zurück. Gott stellt selbst alle naive religiöse Sicherheit in Frage; er steht radikal kritisch zum Menschen, solange dieser unkritisch zu sich selbst steht. Und schließlich wird bei Johannes die Naherwartung vom Gerichtsgedanken her ethisch interpretiert. Wer mit der Zukunft rechnet, der kann dies nicht in der Erwartung tun, daß der Geschichtsprozeß sowieso zu einem guten Ende kommt, sondern der entscheidet selbst durch seine Tat diese Zukunft mit – zumindest für sich selbst und, da die ethische Tat soziales Handeln einschließt, auch für seine Mitmenschen.

IV. Das Besondere der Botschaft Jesu

Dieses neue Verständnis der Eschatologie, wie es, soweit ich sehe, erstmals bei Johannes dem Täufer aufscheint, ist die nächste und unmittelbare Voraussetzung für die Botschaft Jesu. Denn das NT zeigt, daß die Täuferbewegung der wichtigste Anknüpfungspunkt für die Jesusbewegung ist und daß beide Bewegungen im Rahmen des Judentums eine Sonderstellung einnehmen. Es ist auch ganz unerfindlich, warum die neutestamentlichen Zeugen eine Berührung Jesu mit den Essenern verschwiegen haben sollten, wenn es sie gegeben hätte. Die Beziehungen Jesu zu den Pharisäern werden ja auch nicht vertuscht. Außerdem ist der Zusammenhang mit Johannes dem Täufer auch selbst von der Urkirche als ein Problem empfunden worden, trotzdem hat man ihn nicht unterschlagen.

Worin geht Jesus über Johannes den Täufer hinaus? Dies ist zugleich die Frage nach dem entscheidenden sachlichen Kern der Botschaft Jesu, nach dem grundlegenden Aspekt oder dem übergeordneten Rahmen, von dem her auch die Ethik Jesu verstanden werden muß.

Die erste Antwort hat hier zweifellos zu lauten: Im Zentrum der Botschaft Jesu steht der Begriff der βασιλεία τοῦ θεοῦ, der Königsherrschaft Gottes oder auch des Reiches Gottes: „Nahe gekommen ist die Königsherrschaft Gottes“ (Mk 1, 15; Mt 4, 17; Lk 10,9.11). Das „Nahe gekommen ist“ oder „genaht hat sich“ verbindet die Botschaft Jesu von der Gottesherrschaft mit dem Naherwartungsgedanken, wie er oben dargelegt wurde [10]. Was den Begriff der Gottesherrschaft angeht, so steht dessen eschatologische Bedeutung außer Frage. Nach Mt 3,2 hatte allerdings

[10] *E. Käsemann,* Anfänge 99 meint: „Die Dinge liegen doch wohl so, daß Jesus zwar von der apokalyptisch bestimmten Täuferbotschaft, seine eigene Predigt aber nicht konstitutiv durch die Apokalyptik geprägt war, sondern die Unmittelbarkeit des nahen Gottes verkündigte.“ Vom „nahen Gott“ hat in seiner Weise auch der Täufer gesprochen, so daß die entscheidende Frage lautet: In welcher Weise vom nahen Gott gesprochen wird; bei Jesus steht doch wohl der unbedingte Heilswille Gottes im Vordergrund. – Zu den Problemen der Basileia-Verkündigung Jesu vgl. im ganzen *R. Schnackenburg,* Gottes Herrschaft und Reich (Freiburg [1]1959).

auch Johannes schon von der herannahenden Gottesherrschaft gesprochen; doch scheint dies eher ein Nachtrag des Evangelisten Matthäus zu sein, der auf diese Weise den Zusammenhang zwischen Johannes und Jesus unterstreichen wollte. Als entscheidenden Unterschied möchte ich zunächst formulieren: Während Johannes der Täufer die Naherwartung mit dem Gerichtsgedanken verknüpfte – hier liegt jedenfalls der ausschlaggebende Ansatz sowohl für die Forderung der Umkehr wie für die johanneische Bußtaufe – tritt der Gerichtsgedanke bei Jesus auffällig zurück. Statt dessen wird bei Jesus die Naherwartung mit der Gottesherrschaft verbunden. Die Gottesherrschaft aber ist bei Jesus eindeutig und klar verstanden als das universale Heil, als der Inbegriff von Leben, Seligkeit und Freude für die Menschen. Im Begriff des Reiches oder der Königsherrschaft Gottes sind das allgemeine, universale Heil wie das Heil des Individuums unlöslich miteinander verknüpft. Die Gottesherrschaft ist die Verheißung des großen und letzten Glücks, die Vollendung der Welt und des Menschen schlechthin. Darin liegt eine eigentümliche Steigerung und Verheißung, deren sachliche Bedeutung wir uns klarmachen müssen.

Wenn Jesus von der Nähe der Gottesherrschaft spricht, dann geht es ihm nicht um weitere theoretische Bereicherung unseres Wissens über Gott. Von Gott zu sprechen war im Judentum gang und gäbe. Was man sich unter dem Namen Gottes zu denken und vorzustellen hatte, war durch eine jahrhundertealte Sprachtradition vorgeprägt. Dann liegt das Neue bei Jesus wohl darin, *wie* Jesus von Gott geredet hat, *wie* er diesen Gott zur Sprache brachte. Das heißt genauer, wie das Gotteszeugnis Jesu in die gesellschaftliche und menschliche Situation eingriff, mit welchen Wirkungen. Darüber, daß dieses neue Reden von Gott die herrschenden Kreise in Unruhe versetzte, werden wir ja vom NT hinreichend belehrt; man empfand es als eine Herausforderung und reagierte entsprechend. Wir können daraus entnehmen, daß das Reden von Gott durchaus nicht folgenlos bleiben muß, daß es Veränderungen bewirken, menschliche Konsequenzen haben kann, vielleicht sogar haben muß.

Für unsere Ohren klingt der Begriff der „Gottesherrschaft" zunächst einigermaßen autoritär. Hier können wir ansetzen. Denn Jesus versteht darunter offenbar nicht den gewaltsamen, unterdrückenden Zugriff eines göttlichen Despoten, sondern die letztlich unverfügbare Macht, die den Menschen befreit, ihn erlöst und freimacht; die ihn von der Herrschaft fremder Mächte befreit. Freude, Frieden, Leben, Vertrauen, Seligkeit, Glück und Liebe sind die Begriffe, die das Wesen der Gottesherrschaft im Sinne Jesu interpretieren. Wir müßten also präziser von der befreienden und beglückenden Herrschaft Gottes sprechen. Wir kommen wohl nicht daran vorbei, für Jesus selbst eine grundlegende, ursprüngliche Gotteserfahrung zu postulieren, in der ihm Gott als die den Menschen radikal befreiende und liebende Macht überzeugend aufgeleuchtet war. Für die schöpferische Freiheit, die zu den anstehenden Problemen der Kaisersteuer, der Gesetzesproblematik, der gesellschaftlichen Diskriminierung, der Feindschaft usw. so souveräne Antworten liefert, daß sie als Maximen auch heute noch von Belang sind, gibt es im damaligen Judentum einfach keine Parallelen. Wenn man von den jüdischen Quellen zu den Evangelien kommt, hat man den Eindruck, daß man dort zwar immer wieder an den wichtigen Problemen herumgebastelt hat, tastend, versuchend, aber eigenartig gehemmt, während hier in zwei, drei Sätzen die Türen weit aufgestoßen werden, daß Jesus tatsächlich die produktiven, weiterführenden Lösungen anbot. Die entscheidende Grundlage dafür liegt zweifellos in der neuen Gottesgewißheit Jesu, die sich in seiner Person und in seinem Verhalten darstellt. Für Jesus ist Gott grundlegend als der absolute Heilswille oder die absolute Heilsmacht bestimmt, somit der Grund eines absoluten Vertrauens und einer absoluten Liebe, was sich sprachlich etwa in dem Vater-Sohn-Verhältnis ausdrückt. Dies ist alles andere als selbstverständlich. Jesus lebte nicht in einer „heilen Welt"; mit Romantik haben die Evangelien nichts zu tun. In der Welt Jesu waren Haß, Gewalt, Unrecht und Unterdrückung, Ohnmacht und Angst so präsent und wirksam wie heute. Aber Jesus hat mit seiner Rede von der Gottesherrschaft das Heil nicht auf eine unbestimmte Zukunft verlagert, sondern damit den Appell verbunden, bereits jetzt, inmitten einer von Unheil gezeichneten Welt aus einer letzten zuversichtlichen Heilsgewißheit heraus zu denken, zu leben und zu handeln.

Die Gottesherrschaft im Sinne Jesu ist erst dann richtig verstanden, wenn man die Negation, den Gegensatz dazu mitdenkt, also den gesamten Unheilskomplex, den das NT häufig mit dem Begriff „diese im argen liegende Welt“ umreißt. Es gibt von diesem unmittelbaren Erfahrungshorizont her, der das gesellschaftliche und politische Dasein durchaus einschließt, an sich keinen zureichenden Grund für eine derartige unbedingte Heilsgewißheit. Eine solche Heilsgewißheit, die zu radikalem Vertrauen und zuversichtlicher Hoffnung in der Welt und für die Welt befähigt, muß tiefer gründen, und die letzte Begründung dafür liegt in der Überzeugung von der befreienden Herrschaft Gottes, die in der Welt zur Geltung kommen soll.

Obgleich nach manchen Gleichnissen Jesu, vor allem nach den „Wachstumsgleichnissen“ die Gottesherrschaft und ihr endgültiges Kommen nicht menschlichem Wollen und Verfügen unterliegt, sondern als Geheimnis göttlichen Wirkens dargestellt wird – hier liegt eine präzise Abgrenzung gegenüber jedem zelotischen Aktivismus vor – so handelt es sich doch nicht um ein magisches Geschehen. Zumindest zeigt Jesus selbst in seinem Verhalten, wie die Konsequenzen aussehen.

Man darf wohl sagen, daß man von Jesus und dem was er wollte, nichts begreift, wenn man sein Gottesverhältnis ausklammert. Doch gilt wohl ebenso sehr, daß manche traditionellen Gottesvorstellungen es außerordentlich erschweren, den Gottesglauben bei Jesus richtig zu erfassen. Das Merkwürdige ist, daß im Reden und Tun Jesu Gott aktuell wird, weil er mit menschlichen Problemen in Berührung kommt, und zwar so, daß neue, überraschende Möglichkeiten aufscheinen. Mit der Gottesherrschaft im Sinne Jesu rechnen besagt ja offensichtlich, den Menschen, die Welt, das Leben auf ihre letzten, positiven Möglichkeiten hin sehen, eben auf ihre eschatologische Erfüllung hin, obgleich dem Augenschein nach sehr viel dagegen spricht. Man könnte hier die Formulierung von R. Musil[11] aufnehmen, daß neben den Wirklichkeitssinn der Möglichkeitssinn tritt und das Übergewicht bekommt. Gott, wie ihn Jesus ins Spiel bringt, bedeutet nicht die Rechtfertigung des Bestehenden, wie es ist, sondern die Rechtfertigung einer Veränderung zum Guten. Die Seligpreisungen der Bergpredigt nennen ja vorzüglich Menschen oder Gruppen, die von gegenwärtiger Not und Unterdrückung betroffen sind und eine Veränderung dringend ersehnen.

V. Metánoia als Antwort

Die aus der Welterfahrung oder auch aus der gesellschaftlichen und politischen Erfahrung nicht ableitbare Annahme der eschatologischen Heilsgewißheit im Hinblick auf die verheißene Zukunft bedeutet nun allerdings für den Menschen eine Veränderung seines Bewußtseins und seines Verhaltens. Hier geht es um den Begriff der *Metánoia,* der Umkehr oder, wie man früher sagte, der Buße.

In der Tradition wurde der Begriff der Buße weitgehend moralistisch verstanden, dadurch auch abgewertet und verflacht. Ich meine, wir sollten heute wieder auf diesen Begriff der *Metánoia* zurückkommen, um ihn neu für uns zu erschließen und fruchtbar zu machen. Während der prophetische Begriff der „Umkehr" im AT die Hinwendung des Menschen zu Jahwe meint, die Rückkehr in das Bundesverhältnis, bekommt im Judentum die Umkehr als Buße einen stark gesetzlich geprägten Sinn. Bei Johannes finden wir ein ausgeprägtes eschatologisches Verständnis der Umkehr; es geht darum, sich auf das bevorstehende Endgericht einzustellen und daraus die entsprechenden Konsequenzen zu ziehen. Auch bei Jesus hat die Umkehr eine eschatologische Bedeutung. Aber

[11] *R. Musil,* Der Mann ohne Eigenschaften (Hamburg 1952 ff) Kap. 4: „Wenn es Wirklichkeitssinn gibt, muß es auch Möglichkeitssinn geben", 16 ff.

indem sie an die herankommende Gottesherrschaft gebunden wird, gewinnt sie einen neuen Akzent; sie ist die entschlossene Hinwendung zur heilvollen Zukunft, und zwar so, daß man sich vorbehaltlos auf die Botschaft vom göttlichen Heilswillen einläßt. Die *Metánoia* wird so zur offenen, grundsätzlichen Bereitschaft, auf das verheißene Endheil hin zu leben, auch gegen die schlechten Erfahrungen der Gegenwart. Darüber hinaus geht es um den Mut, alle menschlichen Verhältnisse und Beziehungen in das Licht der verheißenen Zukunft zu rücken, sie in ihrer Heilsmöglichkeit zu betrachten und, soweit möglich, daraufhin zu verändern.

Was damit gemeint ist, läßt sich am besten mit einer Geschichte aus dem Don Quichote erläutern [12]. Die Geschichte sagt: Eines Tages kamen Don Quichote und Sancho Panso in ein Freudenhaus. Don Quichote, der sich auch in diesem Fall nicht davon abbringen ließ, sich als der edle und stolze Ritter zu benehmen, behandelte die Mädchen dieses Hauses wie Edeldamen. Mit dem Erfolg, daß die Mädchen allmählich dieses Spiel mitmachten und sich dem Don Quichote gegenüber ebenfalls wie Edeldamen verhielten. Indem man die Welt und die Menschen nicht mit ihren schlechten, negativen Seiten und Möglichkeiten behaftet, sie darauf festlegt, sondern mit ihren positiven Möglichkeiten rechnet und diese beansprucht, bringt man sie dazu, sich auf die Heilszukunft hin zu orientieren.

Der Begriff der „Bekehrung" wird bei uns meist nur moralisch-gesetzlich oder auch ideologisch verstanden. Gegen dieses Verständnis von Bekehrung, dem eine aus Geschichte und Gegenwart sattsam bekannte Praxis entspricht, die ihre am meisten signifikante Ausdrucksform in der ideologischen Gehirnwäsche findet, sind wir mit Recht allergisch. Die Bewußtseins- und Verhaltensänderungen, um die es in der *Metánoia* geht, wenn diese im Sinne Jesu verstanden werden soll, werden verfehlt, wenn man sie unter dem moralisch-ideologischen Raster sieht. Betrachtet

[12] Don Quichote 1. Buch 2. Kapitel.

man das Verhalten Jesu, dann fällt zunächst auf, daß Jesus von den Menschen keine Sündenbekenntnisse erwartet hat, daß er auf menschliches Versagen nicht mit moralischer Entrüstung reagierte – außer der pharisäischen Heuchelei, da reagierte er mit Zorn –, und daß er niemand verurteilt hat. Man hat schon relativ früh – etwa im Johannesevangelium – Jesus eine übernatürliche Menschenkenntnis zugesprochen; mir scheint es eher richtig, zu sagen, daß die problematische Vergangenheit eines Menschen Jesus in ihren Einzelheiten überhaupt nicht interessiert hat; wo sie doch in etwa zur Sprache kommt, wie im Fall der Ehebrecherin, da wird sie mit der größten Zurückhaltung und Scheu behandelt; darüber braucht man eigentlich nicht weiter zu reden.

Jesus nimmt die Leute, die zu ihm kommen, ohne jedes Vorurteil an und räumt ihnen eine neue Lebenschance ein; entscheidend ist, ob sie eine Bereitschaft zum Vertrauen, zur Heilsverheißung mitbringen. Das zeigt sich besonders im Verhalten zu den Zöllnern und Sündern, denen die jüdische Gesellschaft diese Lebenschance vorenthielt. Wenn Jesus hier die religiösen, moralischen und sozialen Verdikte und Normen mißachtet, dann setzte er damit ein Zeichen. Er begrenzt den göttlichen Liebeswillen nicht auf die Gemeinde der Frommen, sondern dehnt ihn auf alle aus, da gibt es überhaupt keine Grenzen. Und er rechnet außerdem damit, daß Vertrauen, Zuwendung und Liebe, die sich ehrlich und vorbehaltlos geben, wohl fähig sein würden, Vertrauen und Liebe zu erwecken. Die neue Chance, die hier gegeben wird, ist nicht die, die der „Gerechte" dem Sünder gibt, um abzuwarten, was der jetzt macht, sondern des Freundes, der alles einsetzt, um dem anderen das Vertrauen zu geben, das er braucht, um selbst zum Vertrauen zu kommen; dann wird er seinen Weg schon finden. So gesehen, geht es in der Tat um eine Umkehr zum Glauben; und zwar vom Mißtrauen, von der Angst, der Absicherung, die sich nach außen verschließt, zum Glauben. Es geht hier um humane Grundvorgänge.

Ich zögere nicht anzumerken, daß mir eine ähnlich vorurteilsfreie Haltung aus der jüngsten Vergangenheit überzeugend bei

Siegmund Freud begegnet ist, in dessen analytischer Methode weit mehr vom Geist Jesu steckt als in den meisten moraltheologischen Büchern der Vergangenheit. Bei Jesus wird der Mensch nicht wieder neu auf eine abstrakte Gesetzesordnung verpflichtet; es wird ihm kein neues System mehr beigebracht.

Wenn man die Gestalt des Apostels Petrus im Neuen Testament betrachtet, vor und nach Ostern, dann hat man nicht den Eindruck, daß dieser sich in seinen menschlichen Qualitäten wesentlich geändert hätte – er blieb nach wie vor eine in mancher Hinsicht problematische Persönlichkeit. Gleichwohl war er durch die Begegnung mit Jesus verändert worden. Untersucht man die Sprache Jesu, vor allem der Gleichnisse, dann findet man nur wenig Dogmatismen, kaum einen theologischen Gedanken, für den es nicht auch im Judentum Parallelen gäbe, abgesehen von der Redefigur vom „himmlischen Vater", die ihren Kontext aber im Verhalten Jesu hat. Bedeutsam ist vielmehr, daß die menschliche Ausstrahlung der Person Jesu zum Glauben verhelfen konnte[13]. Jesus hat also nicht einfach neue Forderungen aufgestellt und gesagt, man müsse sie erfüllen, sondern er hat sich zugleich um die menschlichen Grundbedingungen einer möglichen Verwirklichung gekümmert. Deshalb darf man nicht nur sagen, Jesus erscheine in seinen Forderungen als der gebietende Herr, sondern man muß genauso sagen, er ist der Freund, der dem Menschen auch dazu hilft, den Willen Gottes zu tun. Die Frage nach den menschlichen Bedingungen, den Verhältnissen für humanes Verhalten darf nicht übergangen werden, wenn man nicht einem gesetzlichen Pharisäismus verfallen will. Die Mitmenschlichkeit, die hier zweifellos mit angesprochen ist, wäre dann hauptsächlich der gemeinsame Weg, den Menschen miteinander suchen und gehen, um in Glauben und Liebe die richtigen Lebensmöglichkeiten zu entdecken; so etwa wäre der Gedanke der Nachfolge heute zu interpretieren.

Vielleicht ist es jetzt etwas deutlicher geworden, in welche

[13] Vgl. *G. Ebeling,* Jesus und Glaube, in: Wort und Glaube (Tübingen ²1962) 203–254.

Richtung die *Metánoia* zielt. Die globale Annahme der göttlichen Heilsverheißung kann zweifellos als eine einmalige Grundentscheidung, als *option fondamentale* verstanden werden. Sie hat jedoch ebensoviel mit einem Weg oder einem Prozeß zu tun, was Luther offenbar meinte, wenn er in seiner berühmten 1. These sagte, das ganze Christenleben sei als Buße zu verstehen[14]. Dieser Weg schließt weder Rückschläge noch das Versagen aus; zugleich hält er sich für neue Gesichtspunkte offen und ermöglicht Veränderungen, Revisionen. Ein starres, gesetzliches Verständnis der *Metánoia* ist daher abzulehnen; die lebendige *Metánoia* ist ein unabgeschlossener Lernprozeß. In diesem Prozeß hat das Moment der Kritik ebenso seine wichtige Funktion wie die schöpferische, produktive Phantasie, die aus der Liebe kommt. So gesehen, bleibt die entscheidende Veränderung, auf die es immer wieder ankommt, die Bekehrung vom Gesetz und der Gesetzlichkeit zum Evangelium; das heißt von den Verhärtungen und Verfestigungen zur freien, offenen Beweglichkeit, zur Disponibilität, die sich für neue Menschen, Situationen und Probleme beanspruchen läßt; von der Angst mit ihrer Tendenz zur privaten und gesellschaftlichen Abkapselung zum großzügigen, weiten Vertrauen und zum Engagement für die wichtigsten menschlichen Interessen, vor allem der Benachteiligten und Unterdrückten. Die Frage nach dem spezifisch Christlichen ist dann primär zu beantworten mit dem Hinweis auf das geschichtliche Zeugnis Jesu. Hier liegt das kritische und zugleich ermutigende Modell, an dem wir uns orientieren. Nicht zuletzt deshalb, weil wir alle dauernd in der Gefahr stehen, dem Zwang bestehender Verhältnisse nachzugeben, teils aus Trägheit, teils aus Angst und Resignation, diesen eigentlichen Sünden gegen Glauben, Hoffnung und Liebe, anstatt aus der Kraft des Glaubens an die verheißene Zukunft heraus neue Vorstellungen, Modelle und Konzeptionen zu entwickeln.

[14] Luthers Werke in Auswahl, ed. *Clemen-Aland* (Berlin 1959) I, 3. Die erste These lautet: „Dominus et magister noster Jesus Christus dicendo: Penitentiam agite etc. omnem vitam fidelium penitentiam esse voluit.“

VI. Ethik Jesu?

Fragt man nun nach der „Ethik Jesu“ [15], so ergibt sich ihre Eigenart sehr deutlich aus dem Vergleich mit der verschärften Gesetzesfrömmigkeit des damaligen Judentums. Jesus hat die jüdische Gesetzesfrömmigkeit radikal vereinfacht, einen Wust von zahlreichen Bestimmungen und schon traditionell gewordenen kasuistischen Auslegungen mit überlegener Gleichgültigkeit links liegen lassen und sie durch großzügige, offene Weisungen ersetzt, die sich durch Flexibilität auszeichnen, so daß man sie immer neu abwandeln und auf neue Situationen und Verhältnisse anwenden kann. Die Anwendung unterliegt der produktiven Interpretation durch Individuen oder Gruppen. Völlig uninteressant sind für Jesus die kultischen Reinheits- und Tabubestimmungen, die für die Pharisäer, Essener und Zeloten zum narzißtischen Übungsfeld ihrer Spezialfrömmigkeit geworden waren. Wenn Jesus mit Zöllnern und Sündern aß, dann dürfte er auch die Speisegesetze nicht übermäßig wichtig genommen haben. Für einen frommen Juden waren die Töpfe und Speisen der Zöllner schon allein deshalb suspekt, weil sie durch heidnische Hände gegangen sein konnten. Ebenso hat Jesus die kasuistischen Auslegungstraditionen der Rabbiner nicht akzeptiert, sondern sie als „menschliche Traditionen“ abgetan. Die Bemerkung, daß seine Lehre nicht wie die der Schriftgelehrten und Pharisäer war, dürfte vornehmlich darauf sich beziehen und den Eindruck wiedergeben, den diese souveräne Verfahrensweise auf die Zeitgenossen machte. Genau darin sah man einen Beweis für seine „Vollmacht“ und Autorität. Das Sab-

[15] Dazu im ganzen: *R. Schnackenburg,* Die sittliche Botschaft des Neuen Testaments (München [2]1962); *E. Neuhäusler,* Anspruch und Antwort Gottes (Düsseldorf 1962); *H. D. Wendland,* Ethik des Neuen Testaments. NTD Ergänzungsreihe 4 (Göttingen 1970); *H. Braun,* Spätjüdisch-häretischer und frühchristlicher Radikalismus. 2 Bde. (Tübingen 1957); *U. Wilckens–J. Blank,* Was heißt bei Paulus (Warum sagt Paulus): „Aus Werken des Gesetzes wird niemand gerecht“?, in: EKK 1 (Zürich-Neukirchen 1969) 51–77; 79–95. – *J. Blank,* Zum Problem „ethischer Normen“ im Neuen Testament, in: Schriftauslegung in Theorie und Praxis (München 1969) 129–143; *E. Stauffer,* Die Botschaft Jesu damals und heute (Bern 1959).

batgebot interpretierte Jesus liberal. Ernsthaft verbindlich war für Jesus nur der ethische Inhalt der Tora, also nur das, was wirklich etwas mit Gott und dem Menschen zu tun hatte. In seiner Schriftauslegung treibt Jesus Sachkritik. „Erfüllung der Schrift" besagt für ihn nicht die minutiöse Berücksichtigung des sakrosankten Buchstabens, sondern Reduktion auf das Wesentliche und dessen eschatologische Neuinterpretation.

Ein entscheidender Anstoß für diese revolutionäre Verfahrensweise wird in der Naherwartung zu suchen sein [16]. Wenn die Gottesherrschaft in die Nähe gerückt ist und möglichst alle hineinkommen sollen, dann muß der Gotteswille auch so formuliert werden, daß der *am-ha-arez,* der einfache Mann, ihn verstehen und praktizieren kann; denn diesem kann man kein langwieriges Gesetzesstudium zumuten. Verstehbarkeit und Praktizierbarkeit des Gotteswillens sind zweifellos wesentliche Momente dessen, was man als „Ethik Jesu" bezeichnen kann. Die Möglichkeiten des einfachen Volkes haben bei der kritischen Sichtung der Torabestimmungen gewiß eine Rolle gespielt. Für Menschen, die nach pharisäischer Ansicht permanent mit unreinen Objekten und Subjekten zu tun hatten, ist es ganz aussichtslos, die Erfüllung von Reinheitsvorschriften zu postulieren. So wird der radikale Heils- und Liebeswille Gottes in seiner unmittelbaren Dringlichkeit zum entscheidenden Anstoß für die radikale Torarevision Jesu. Was die Verwirklichung dieser Liebe verhindert, wird ausgeräumt und beiseite geschoben. Mir erscheint diese „pastorale" Interpretation der Intention Jesu und seiner geschichtlichen Situation eher zu entsprechen als der Rekurs auf das „messianische Selbstbewußtsein", das man hier später erblickte, übrigens mit sachlichem Recht. Denn die Befreiung vom übermächtigen Joch des Gesetzes wird zweifellos vielen Menschen als eine veritable Erlösung erschienen sein, zu der sie von Herzen ja sagen konnten, vor allem

[16] Mit *Schnackenburg,* Sittliche Botschaft 62, sind die Gebote Jesu als „Einlaßbedingungen" zur Gottesherrschaft zu verstehen. Die „Radikalisierung" des Gotteswillens ist zugleich eine radikale Vereinfachung. Hinzu kommt der Heils-Sinn, d. h., die Weisungen Jesu sind selbst ein Moment des angesagten Heiles.

für die „Armen" und die „Sünder", denen die Gesetzesfrömmigkeit der Pharisäer so fremd und unverständlich gewesen sein mag wie vielen Menschen heute der amtskirchliche Apparat. Im Hinblick auf die gesetzeseifrigen Frommen war dieser Vorgang allerdings ein Stich ins Wespennest, eine blasphemische Behandlung des Allerheiligsten, für das man zu sterben bereit war.

Der Gotteswille wird von Jesus also dahingehend ausgelegt, daß die Heilsabsicht im Hinblick auf den Menschen klar herauskommt. Deshalb steht auch am Anfang nicht die Forderung, das ethische Postulat oder „die Norm", sondern das Geschenk, die Gabe, die bedingungslose Zusage des Heils für jeden, der daran interessiert ist, ohne Rücksicht auf den religiösen oder moralischen Standort. Das Portal zur Bergpredigt bilden die Seligpreisungen, in denen die Glückverheißungen aufstrahlen, gerade für die Unglücklichen, die vom sozialen Standard ausgeschlossen sind – im doppelten Sinn der Armut und der gesellschaftlichen Reputation. Eben damit ist gesagt, daß zunächst einmal alle akzeptiert sind, ohne Vorleistungen. Schon von dieser grundsätzlichen Vorentscheidung her, daß die Gabe am Anfang steht – den Armen wird die Freudenbotschaft verkündigt –, diese Solidaritätserklärung im Namen Gottes mit den Außenseitern und den problematischen Existenzen, bekommen die ethischen Weisungen einen neuen Akzent. Sie haben durchweg etwas mit der Gabe zu tun, das heißt mit der Liebe, der Freiheit, dem Heil des Menschen; sie sind nicht Ausdruck einer autoritären Gesetzlichkeit, sondern Einweisungen in ein neues Verhalten, das es auch im mitmenschlichen Bereich wagt, es nicht bei den überkommenen Rezepten zu belassen, sondern produktive Verhaltensweisen einzuüben.

Es ist ein Charakteristikum der Gesetzesfrömmigkeit, daß sie mit ihrem „Zaune" zwar die Menschen abschirmt, sichert und voreinander behütet; damit aber auch mit dem Konflikt seine wahre Aufarbeitung verhindert, also unproduktiv und phantasielos macht. „Was man Moral nennt", so heißt es einmal bei Péguy, „ist eine Schutzschicht, die den Menschen undurchdringlich für die Gnade macht. Daher kommt es, daß die Gnade in den größten

Verbrechern ihr Werk tut und die elendesten Sünder wieder aufrichtet. Weil sie damit begann, in sie einzudringen, in sie eindringen zu können."[17] Eben an diese Fähigkeit der Liebe und der Phantasie, den Konflikten im Leben wie in der Gesellschaft anders als mit den gesetzlichen Rezepten beizukommen (was ja oft nur darauf hinausläuft, sich aus der Affäre zu ziehen oder den unbequemen Nächsten bequem loszuwerden, anstatt ihm seiner Situation gemäß zu helfen), appellieren die Weisungen Jesu. Dazu können Normen hilfreich sein; aber die eigentliche Arbeit nehmen sie einem nicht ab, nämlich die Strecke wirklich mitzugehen, die nötig ist. Die nichtautoritäre Erziehung, beispielsweise, verlangt, wenn sie kein Schlagwort sein soll oder kein Alibi, um sich der pädagogischen Verantwortung und Mühsal zu entziehen, eine wesentlich intensivere Beschäftigung mit dem Kind, einen größeren Zeitaufwand, eine größere Bereitschaft des Lernens und der Selbstreflexion als die autoritäre Abrichtung von Kindern. Das gilt aber für alle einschneidenden Lernprozesse in der Gesellschaft. Die ethischen Weisungen Jesu bedeuten ein Mehr an gegenseitiger Zumutung; sie implizieren, daß man sich selbst in Frage stellen läßt, um gemeinsam weiterzukommen. Darin liegt ihre in gutem Sinne humanisierende Kraft.

Die Auslegung des Gotteswillens durch Jesus zeigt, daß er Gott nicht mehr für den absoluten Garanten einer verabsolutierten Gesetzesordnung gehalten hat, der genau über jede Gesetzeserfüllung wacht und jede Übertretung verbucht. Wer mit der Tora so verfährt wie Jesus, versteht sie nicht mehr als jenes kosmische und universale Gesetz, an das man gehalten ist, auch wenn man viele Einzelheiten nicht begreift. Wo freilich das Gesetz als verabsolutierte Größe herrscht, dort gewinnt alsbald auch Gott gesetzliche Züge. Dort wird auch der Mensch als Objekt eines Gesetzes verstanden und das gesamte Verhalten nach gesetzlichen Normen vorgeprägt. Die radikale Torakritik, wie Jesus sie zuerst geübt hat, bedeutet der Sache nach das Ende des Gesetzes als einer vorgege-

[17] *Ch. Péguy,* Nota conjuncta. Übs. von *F. Kemp* (Wien-München 1956) 96.

benen absoluten Herrschaftsstruktur. Römer 10,4: „Christus ist das Ende des Gesetzes, so daß wer glaubt, zur Gerechtigkeit kommt“, besteht somit zu Recht, bereits für den historischen Jesus.

Dies hat natürlich Konsequenzen; an erster Stelle für den Gottesgedanken. Denn jetzt erscheint Gott als jene Macht, die den Menschen in seine Freiheit und Selbstverantwortung entläßt; dessen Liebe das Abenteuer der Menschwerdung des Menschen ermöglicht und es als sinnvoll, als verheißungsvoll erscheinen läßt trotz aller Rückschläge und Konflikte – *etiam peccata,* um mit Augustinus zu sprechen. An die Stelle des verabsolutierten Gesetzes tritt zuerst Jesus selbst mit seiner neuen, befreienden Auslegung. Mit dem „Ich aber sage euch ...“ wird die Person Jesu zur obersten Norm, zum *exemplum.* Seine Weisungen und sein Beispiel gehören zusammen: „Ein Beispiel habe ich euch gegeben, damit ihr genauso handelt“ (Joh 13, 15). Demgemäß kann seine Auslegung mit ihrer zusammenfassenden Formulierung im Liebesgebot (Mk 12,28–34 par) keine neue Gesetzesordnung mehr sein. Sie ist Einweisung in ein Handeln, bei dem von Menschen für Menschen Gutes geschieht, Heil sich ereignet, Freiheit realisiert wird, Frieden zustande kommt.

Freilich wird man nicht sagen können, daß bei Jesus Gott durch Mitmenschlichkeit interpretiert würde. Gerade um des Menschen willen, der durch Vergötzung ebenso geschändet wird wie durch Unterdrückung, wird man am Doppelgebot der *Gottes- und Nächstenliebe* festhalten müssen. Allerdings wird man sagen müssen, daß *bei Jesus der Mensch an die Stelle des verabsolutierten Gesetzes tritt.* Er darf keiner angeblich absoluten Norm mehr geopfert werden. Vielmehr wird der Gotteswille durch die konkrete Situation des Menschen und Mitmenschen definiert, und alle Normen haben ihr Kriterium daran, ob sie für den Menschen da sind oder nicht. „Der Sabbat ist für den Menschen da, und nicht der Mensch für den Sabbat“ (Mk 2,27), dieses Kriterium gilt fortan für alle Normen und Institutionen. Die Humanität des Menschen besteht aber in der nicht *a priorisch* begrenzbaren Gesamtheit aller menschlichen Bedürfnisse und Fähigkeiten.

Christliche Ethik hätte dafür einzutreten, daß Humanität unverkürzt möglich ist; sie ist durch ungerechte Verteilung der dringendsten Lebensgüter, durch Kriege und Unterdrückung genauso gefährdet wie durch Unwissenheit, geistige Verkümmerung und ideologische Freiheitsbeschränkung. Es hat den Anschein, daß gesellschaftliche Gruppen und Mächte, die Kirche nicht ausgenommen, nicht ausgenommen auch die politischen Mächte, immer wieder der Versuchung unterliegen, ihre Gesetze absolut zu setzen und die Menschen diesen Zwangsordnungen gefügig zu machen. Das in Christus gekommene Ende des Gesetzes muß deshalb immer neu bezeugt, in die konkrete geschichtliche und gesellschaftliche Lage hinein artikuliert werden.

VII. Abschließende Bemerkungen

Zum Abschluß möchte ich noch ein paar Konsequenzen aus den bisherigen Überlegungen andeuten. Zunächst eine mehr theoretische Konsequenz, wenn hier überhaupt Theorie und Praxis getrennt werden können. In der Kirche hat sich ein Dogmenverständnis eingebürgert, das in den Dogmen absolute Wahrheitssätze sieht, die Dogmen als „Glaubensgesetze" versteht, deren absolute Anerkennung zur Pflicht gemacht werden kann. Diese Sätze sollen fraglos hingenommen und vom Subjekt verinnerlicht werden. Hier handelt es sich zweifellos um eine verabsolutierte Gesetzesordnung, die vom Neuen Testament her kritisch unter die Lupe zu nehmen ist.

Seit Jesus hat die Wahrheit ein menschliches Gesicht; sie steht in einem geschichtlichen, also humanen Zusammenhang und hat teil an der Gebrochenheit der menschlichen Kontingenz und Relativität. Darüber hinaus ist für die christliche Wahrheit der Heilscharakter relevant; ihre Sinn-Tendenz muß sprachlich so formuliert werden, daß der Mensch darin seine eigene Befreiung erfährt; dies heißt auch, daß er durch sie zu seiner eigenen Antwort, zur eigenen Sprache kommt. Das Nachsprechen geheiligter traditioneller Formeln genügt dazu zweifellos nicht; dies wäre entmündigende Indoktrination. Ich kann unter „absoluten Wahrheitssätzen“, die mehr sein wollen als Zeichen und Hinweise, konkrete Hinweise und menschliche Antworten in einer bestimmten geschichtlichen Situation, nur Fetische und Götzenbilder sehen. Hier wird die *theologia crucis* eliminiert. Als Zeichen einer humanen Sprachgeschichte des Glaubens kann ich mich mit ihnen auseinandersetzen und nach ihrem Sinn fragen; als absolut gesetzte Formeln sind sie mir suspekt.

Das Problem der Verdinglichung absoluter Wahrheiten in den Dogmen wäre eine bedenkenswerte Aufgabe einer theologischen Sprachsoziologie; dabei geht es um das Problem einer Herrschaftssprache, die ihrer Tendenz nach darauf angelegt ist, die freie und freimütige Selbstartikulation lebendigen Glaubens von vornherein einzuschränken. Diese Einübung in einen vorgegebenen dogmatischen Sprachzwang, die beim Kinderkatechismus anfängt, hat die spontanen und schöpferischen Ausdrucksmöglichkeiten bei den Menschen unterdrückt; an der Verarmung und Sterilität der christlichen Glaubenssprache sind wir selber schuld. Der Absolutheitszwang, der sich in der Geschichte an das Dogma gehängt hat, ist deshalb preiszugeben, damit die Wahrheit des Glaubens wieder oder endlich zu ihrer menschlichen Erscheinung kommt, als befreiende Eröffnung des verheißenen Heils. Das theologische Bemühen hätte dieser befreienden menschlichen Sprache weit mehr zu gelten als der ängstlichen Vorsicht, ja nichts anderes zu sagen, als den kirchlichen Chefideologen genehm ist. Außerdem, daß der verabsolutierte Dogmenglaube soviel Unmenschlichkeit im Gefolge hatte, ist bereits Grund genug, dagegen zu opponieren. Die Praxis der totalitären Staaten, die diesen ideologischen Denkzwang ihrerseits übernahmen, verstärkt nur noch die Kritik an einem absoluten Wahrheitsbegriff, der in der Praxis zwangsläufig zu Menschenopfern und zur Mißachtung der Menschenwürde führt.

Wenn, wie wir sahen, bei Jesus der Mensch an die Stelle der

Gesetzesordnung tritt, dann ist die Humanisierung des Menschen zweifellos eine, vom Evangelium her gesehen, vorrangige Aufgabe. Schon Irenäus, gegen Ende des 2. Jhs. Bischof von Lyon und moderner theologischer Einflüsse gewiß unverdächtig, brachte die Formulierung: „Gottes Ehre ist der lebendige Mensch, das Leben des Menschen aber die Erkenntnis Gottes" (Gloria Dei vivens homo; vita autem hominis visio Dei) [18]. Ist also nach diesem Wort der lebendige Mensch als solcher Gottes Ehre, dann verherrlicht man Gott eben dadurch, daß man etwas für das Leben des Menschen tut, indem man auf allen Ebenen und mit allen Mitteln die Sache des Menschen voranbringt.

Wahrscheinlich ist es ein tief verschleiertes Geheimnis, wieso ein Engagement für Humanität und humane Anliegen nicht oder noch nicht christlich sein soll. Bestimmt haben Inhumanität und Verletzung der Humanität nichts mit dem Evangelium zu tun. In der lateinischen Bibel findet sich die Version: „Apparuit benignitas et humanitas Dei Salvatoris nostri", „Erschienen ist die Güte und Menschlichkeit Gottes unseres Heilandes" (vgl. Tit 3,4) [19]. Wenn hier sogar der Begriff einer göttlichen Humanität aufgenommen wird, um das Erscheinen Christi zu charakterisieren, dann ist das Ideal der Humanität zumindest vertretbar. Der These, daß eigentlich Gott die entscheidende Sache für den Menschen sei, ist vom Neuen Testament her die umgekehrte These entgegenzustellen, daß die Welt und der Mensch die entscheidende Sache Gottes sind. Dies war doch die beglückende und umstürzende Neuigkeit, die ein Johannes und Paulus der Menschheit damals

[18] *Irenäus,* Adversus haereses IV. 20,7.

[19] Humanitas steht hier für das griechische φιλανθρωπία. Vgl. dazu *Luck,* ThWNT IX. 107–111. Auch wenn der Begriff im NT sonst kaum verwendet wird, so wird hier doch auf die hellenistische Humanitätsethik positiv zurückgegriffen. „Das Christusgeschehen wird als Epiphanie der φιλανθρωπία Gottes ausgelegt", a.a.O. 111. Ebenso *N. Brox,* Die Pastoralbriefe. ZNT 7 (Regensburg 1969) 306: „In diesem paränetischen Zusammenhang, in dem Gottes Handeln eine paradigmatische Bedeutung bekommt ..., durfte die ‚Menschenfreundlichkeit (philanthropia)' wegen der intendierten Nachahmung gerade nicht betont eine Herrschertugend der Herablassung zu Untergebenen sein, sondern das nun auch dem Glaubenden mögliche und verpflichtende Verhalten."

mitzuteilen hatten. Genau dieses hatten sie von Jesus erfahren und begriffen. Ich möchte jetzt nicht die große *lamentatio* anstimmen darüber, wie weit man davon abgekommen ist. Wir sollten vielmehr begreifen, daß wohl genau darin die große, noch nicht angekommene und eingelöste Verheißung liegt, die das Evangelium noch interessant macht. Eben als Gegenstand und Ziel der göttlichen Liebe selber müssen uns Welt und Menschheit ernst genug sein.

Wenn diese theologischen Voraussetzungen klar sind, dann haben wir den Rücken frei, um an dem großen Spiel um die Bestimmung des Menschen, das heute mit höchsten Einsätzen gespielt wird, teilzunehmen. Wenn die traditionellen Lehren und Auskünfte an keiner Stelle mehr genügen, weil noch zuviel Mittelalter daranhängt, noch zuviel hergebrachter kirchlicher Ballast, dann sind wir eben aufgefordert, in eigener Verantwortung neue Konzepte zu entwerfen. Wir können aus der menschlichen Solidarität unserer Geschichtszeit nicht mehr aussteigen; und das bedeutet auch, daß wir die neuen Konzepte an Ort und Stelle, eben im engen Kontakt mit den gegebenen Problemsituationen selbst entwickeln müssen. Wir haben wohl keine in sich geschlossenen Lehren mehr anzubieten; was nur von oben herunter gesagt wird, kommt unten nicht mehr an. Wichtig ist, was uns im Ernstfall zur Sache einfällt und weiterführt; das allein zählt. Heute kann es nicht mehr darum gehen, die schönen christlichen Wahrheiten in Silberpapier eingewickelt zu verehren; jetzt geht es darum, ihre Brauchbarkeit für die Menschen zu erproben. Die brennende Frage ist, besitzt die große Heils- und Zukunftsvision vom Reiche Gottes noch genügend Strahlkraft, um Kräfte des Glaubens, der Hoffnung und der Liebe für die Menschheit zu entbinden, Kräfte, die in den zahllosen Konflikten, mit denen wir leben, zu aussichtsreichen menschlichen Lebensmöglichkeiten führen? Ist der Heilsaspekt der Hoffnung, unter dem die Welt und das Leben zu sehen Jesus gelehrt hat, ein entscheidendes Argument, das in der heutigen Debatte um die Sinnbestimmung und die Zukunft des Menschen Gewicht hat? Man kann wohl nur versuchen, an der Beantwortung dieser Frage mitzuarbeiten; zusammen mit vielen anderen im Osten und Westen, mit vielen anderen Menschen, die ebenfalls gerne leben möchten.

Jesus hat das menschliche Vertrauen überall, wo er es fand, akzeptiert und wahrscheinlich auch viel Vertrauen zu den Menschen gehabt; gerade die Verfemten waren besser als ihr Ruf. Vielleicht stünde es auch um das Christentum besser, wenn wir diese Einstellung hätten; dann wären wir wohl nicht so ängstlich besorgt um unser Leben, sondern ließen es mehr darauf ankommen, daß uns manches dreingegeben würde, wenn wir entschieden nach dem Heil des Menschen fragen.

C. Der historische Jesus und die Kirche

I. Zur Einführung in die Thematik

Die Problemstellung „Der historische Jesus und die Kirche“ ist eine typisch moderne, die wohl zum erstenmal um die letzte Jahrhundertwende auftaucht. Die Theologie der Kirchenväter und des Mittelalters kannte diese Fragestellung nicht. Ostkirchliche Theologie mag vielleicht geneigt sein, dieses Problem und seine historisch-kritische Behandlung dem typisch westlichen Rationalismus zuzuschreiben. Daran ist richtig, daß Rationalismus und Aufklärung an der Entwicklung der historisch-kritischen Methode und somit auch an der modernen Exegese einen erheblichen Anteil haben. Das historische Wahrheitsverständnis ist davon entscheidend mitgeprägt. Es gehört zum exegetischen Verfahren, die historisch-kritische Vernunft so weit einzusetzen, wie es überhaupt möglich ist, bis sie an eine durch die Sache selbst bestimmte Grenze gelangt. Das bedeutet freilich keine Verabsolutierung der historisch-kritischen Vernunft, solange diese sich für andere Gesichtspunkte und Fragestellungen offenhält. Ein ernst zu nehmender Einwand gegen dieses Thema scheint nun allerdings darin zu liegen, daß die neutestamentlichen Texte selbst keinen Unterschied zwischen dem „historischen Jesus“ und dem nachösterlichen „Christus des Glaubens“ machen. Für sie gibt es nur den Einen Jesus, der zugleich der Messias und Gottessohn ist. Von ihm kommt die Kirche, von ihm kommt auch die Überlieferung, insbesondere der Evangelien, her. Dies ist die theologische Voraussetzung der gesamten neutestamentlichen Tradition. Historisch-kritische Exegese hat durchaus nicht die Absicht, diese Voraussetzung zu leugnen oder ausdrücklich zu bestreiten, sondern sie zu prüfen, um sie besser zu verstehen. Sie geht dabei von dem in dieser Voraussetzung enthaltenen Moment aus, daß das zentrale Subjekt der neutestamentlichen Aussagen der Mensch Jesus von Nazareth ist. In der Sprache des Konzils von Chalkedon formuliert, sie macht Ernst mit der menschlichen Natur Jesu. Ihre Hypothese lautet demgemäß: Wenn Jesus wahrer Mensch ist, dann muß er auch einer historischen Fragestellung zugänglich sein, weil geschichtliche Existenz zum Wesen menschlichen Seins gehört. Dann ist es auch theologisch legitim, zu erproben, wie weit man bei Jesus mit einer historischen Fragestellung kommt. Dieser Ansatz ist zunächst einmal genauso legitim wie der frühere Ansatz beim ewigen Sohn und Logos Gottes. Man kann darin mit einem gewissen Recht eine Wiederaufnahme jener Betrachtungsweise sehen, wie sie in der Alten Kirche von der „antiochenischen Schule" vertreten wurde, im Unterschied zur „alexandrinischen" Theologie. Anscheinend liegt der Exegese diese „antiochenische" Betrachtungsweise näher, und dies wiederum hat seinen Grund in dem Gegenstand, mit dem sie sich beschäftigt, den neutestamentlichen Texten.

Die Fragestellung hat einen doppelten Aspekt, einen historischen und einen systematischen.

a) Zunächst geht es dabei um das historische Problem, welcher Zusammenhang historischer Art zwischen Jesus und seiner Botschaft und der Kirche besteht. Läßt sich die dogmatische und vor allem auch rechtlich noch sehr wirksame These halten, daß die Stiftung der Kirche auf den historischen Jesus zurückgeht, oder ist die Kirche erst ein „nachösterliches Phänomen"?

Der französiche Neutestamentler *Alfred Loisy* (1857 bis 1940) hat das Problem auf die wirksame Formel gebracht: „Jésus annonçait le royaume, et c'est l'église qui est venu", Jesus hat das Reich Gottes verkündigt, und was kam, war die Kirche[1]. Als Mar-

[1] Vgl. *E. Peterson,* Die Kirche, Theologische Traktate (München 1951) 409–429; *N. A. Dahl,* Das Volk Gottes (Darmstadt ²1963); Art. Kirche, LThK 6, 167–188 (Lit.); RGG III, 1296–1326 (Lit).

kierung des damit angesprochenen Problemkreises hat die Formulierung auch heute noch ihren Wert. Inzwischen ist diese Fragestellung auch von der katholischen Exegese längst rezipiert; es sei dazu nur auf die beiden Werke von *Rudolf Schnackenburg* verwiesen: „Gottes Herrschaft und Reich“ [2] und „Die Kirche im Neuen Testament“ [3]. In beiden Werken wird der Unterschied zwischen der *basileía toû Theoû,* der eschatologischen Gottesherrschaft, und der *ekklesía toû Theoû,* der Kirche, klar herausgearbeitet. „Nicht die Kirche, sondern das Reich Gottes ist das letzte Ziel des göttlichen Heilsplanes und die vollkommene Gestalt des Heils für die ganze Welt.“ [4] Muß man also zwischen dem eschatologischen Reich Gottes und der Kirche genau unterscheiden, so bleibt die Frage nach ihrem gegenseitigen Verhältnis gleichwohl noch offen. Warum und wie kam es durch die Reichspredigt Jesu zur Kirche? Ist die Kirche eine legitime Folge dieser Predigt, oder ist sie nur der sehr vorläufige, mangelhafte und enttäuschende Ersatz für das nicht gekommene Reich? Erschwerend kommt hinzu, daß es in den neutestamentlichen Schriften keinen einheitlichen Kirchenbegriff gibt. Das Wort *ekklesía* kommt in den vier Evangelien, die ja besonders vom „historischen Jesus“ handeln, fast überhaupt nicht vor. Nur der Evangelist Matthäus gebraucht es zweimal (Mt 16,18; 18,17). Der Befund gewinnt an Bedeutung, wenn man sieht, daß auch Lukas in seinem Evangelium das Wort nicht verwendet, während er es in seiner Apostelgeschichte rund zwanzigmal gebraucht, und zwar im Singular wie im Plural. Dann hätte schon Lukas die Auffassung vertreten, daß die Kirche noch keine Größe der Jesus-Zeit war, sondern erst nach Ostern, genauer an Pfingsten ins Dasein trat. So hat also Lukas in seinem Doppelwerk den Unterschied zwischen Jesus-Zeit und Zeit der Kirche streng durchgeführt [5]. Die lukanische Auffassung verdient in dieser Frage eine besondere Aufmerksamkeit. In der neutesta-

[2] Freiburg i.Br. 1959.
[3] Quaestiones disputatae 14 (Freiburg i.Br. 1961).
[4] Kirche, 166.
[5] Vgl. dazu *H. Conzelmann,* Die Mitte der Zeit (Tübingen 1954).

mentlichen Briefliteratur spielt dagegen die Kirche eine weit größere Rolle. Dies hängt schon damit zusammen, daß man die Abfassung der Briefe, so zuerst bei Paulus, nur aus der Situation der neugegründeten Missionsgemeinden heraus verstehen kann. Diese Briefe waren ja von Anfang an als Gemeindebriefe verfaßt, wie schon die Präskripte der Paulusbriefe deutlich zeigen. – Der grobe Überblick über den sprachlichen Befund in den neutestamentlichen Texten weist für sich allein schon auf das Problem hin, das durch die Unterscheidung zwischen Jesus-Zeit und Zeit der Kirche angezeigt wird. Freilich, auch die Evangelien sind für bestimmte Gemeinden geschrieben und setzen insofern die Existenz von Kirche voraus. Faktisch spiegelt sich der Tatbestand Kirche oder Gemeinde in allen Evangelien wider, wenn es da um die Jüngerschaft Jesu geht, oder in dem von der Gemeinde getragenen vorliterarischen Überlieferungsprozeß der Jesus-Tradition. Aber anscheinend war bei der Jesus-Tradition das Kirchenbewußtsein anders gelagert als in der Tradition, wie sie in der Apostelgeschichte und in den Briefen zu Wort kommt. Hier ist Kirche viel stärker ein „missionarisches Phänomen". Die Jesus-Tradition hat wohl den Umstand richtig festgehalten, daß für die Jesus-Zeit von Kirche im eigentlichen Sinn noch gar nicht gesprochen werden kann.

Erwähnt sei noch, daß auch die „Dogmatische Konstitution über die Kirche"[6] des Zweiten Vaticanums sich mit kluger Absicht gehütet hat, eine Definition von Kirche zu geben. In Kapitel I, Artikel 5 wird das Problem „Reich Gottes und Kirche" ausdrücklich behandelt. Die Frage einer Stiftung der Kirche durch den historischen Jesus wird dabei offengelassen. Es fehlt z.B. ein Hinweis auf Mt 16,18. Dargelegt wird vielmehr in einer ziemlich harmonisierenden Form die Kontinuität zwischen der Reichspredigt Jesu und der Entstehung der Kirche. Insofern wird nach diesem Text „Das Geheimnis der Kirche in ihrer Gründung offenbar".

[6] Das Zweite Vatikanische Konzil (LThK) I, 137–347; 163.

b) Dieser historische Aspekt unserer Frage impliziert allerdings auch einen systematischen Aspekt. Welche Bedeutung hat es für das Verständnis von Kirche, wenn Reich Gottes und Kirche nicht identisch sind und wenn man die Jesus-Zeit, und das heißt auch die Person Jesu selbst, von der Kirche unterscheiden muß? Die Evangelien sind durchwegs daran interessiert, den theologisch bedeutsamen Unterschied zwischen der Person Jesu selbst und dem Jüngerkreis zu artikulieren, etwa durch das Mißverständnis, das Unverständnis oder auch durch den Unglauben (so bei Markus) der Jünger. Man darf diese Jünger-Mißverständnisse nicht dadurch minimalisieren, daß man sie auf die vorösterliche Zeit einschränkt, während nach Pfingsten den Jüngern alles auf einmal klar und einsichtig gewesen sei; vielmehr soll mit diesem literarisch-stilistischen Mittel der bleibende Unterschied der Jünger gegenüber Jesus festgehalten werden. Unverständnis Jesu und Unglauben sind Gegebenheiten, welche den einzelnen Jünger wie die Jüngergemeinde, also die Kirche, immer bedrohen und die nur durch die Gegenwart Jesu überwunden werden. Demgegenüber findet man in den Briefen eine gewisse Tendenz, die enge Verbindung zwischen dem erhöhten Christus und seiner Kirche stärker zu betonen, was bis zur Formulierung einer Art von Identität gehen kann. Das am meisten typische Beispiel hierfür ist die paulinische Metapher vom „Leib Christi". Während in den echten Paulusbriefen, in 1 Kor 12 und Römer 12 der paränetische Charakter dieser Metapher vorherrscht, tritt dieser im Kolosser- und Epheserbrief stark zurück zugunsten einer fast schon ontologischen Betrachtungsweise. Beim Evangelisten Matthäus kann man sich derartige Kirchenontologie auf christologischer Basis schlechterdings nicht vorstellen; für ihn gilt vielmehr der lapidare Satz: „Laßt euch nicht Lehrer (Rabbi) nennen; denn ihr habt nur Einen Lehrer, ihr alle aber seid Brüder" (Mt 23,8).

Wir finden also im Neuen Testament eine sehr verschiedenartige Akzentuierung des Verhältnisses Jesu Christi zur Kirche und damit auch des Kirchengedankens. Die Evangelien betonen sehr viel stärker das unaufhebbare Gegenüber zwischen Jesus und der

Kirche oder der Jüngergemeinde. Eine ontologische Einheit zwischen Jesus und der Kirche wird in den synoptischen Evangelien nirgends ausgesprochen. Dagegen finden sich im Johannesevangelium verschiedene Aussagen, die die Einheit zwischen Jesus und den Glaubenden hervorheben, am nachdrücklichsten in der Bildrede vom „wahren Weinstock" (Joh 15, 1–9). Allerdings betont das Johannesevangelium auch wieder sehr stark die überragende Bedeutung der Person Jesu als des einzigen Zuganges zu Gott und des einzigen Spenders ewigen Lebens. In den Briefen hingegen liegt die Betonung sehr viel stärker auf der Einheit zwischen Christus und der Kirche, auch wenn dabei die Überlegenheit des „Hauptes" gegenüber dem „Leib" grundsätzlich festgehalten wird. Eine Verselbständigung oder Unabhängigkeit der Kirche gegenüber Jesus wird im Neuen Testament weder in den Evangelien noch in den Briefen behauptet. Nach diesen Ausführungen dürfte sich die Richtung schon abzeichnen, in welcher die systematische Bedeutung unserer Fragestellung liegt. Hat die Frage „der historische Jesus und die Kirche" ihre systematische Bedeutung vielleicht darin, das bleibende Gegenüber von Jesus und der Kirche schärfer herauszustellen, als dies bei einem einseitig nachösterlichen Ansatz der Fall wäre? Wir dürfen in diesem Zusammenhang ja nicht vergessen, daß die ekklesiologischen Aussagen der christlichen Theologen nach dem Neuen Testament, also vor allem auch der Kirchenväter, viel stärker von den Aussagen der Briefliteratur geprägt worden sind als von den Evangelien. Die allegorische Auslegung der Evangelien führte ja häufig dazu, daß man die Texte der Evangelien mit den Aussagen der paulinischen oder johanneischen Theologie überformte und sie auf diese Weise in eine andere, ursprünglich fremde Aussagenrichtung drängte. Dasselbe geschah auch durch die juridische Interpretation der römischen Theologie. Dann wäre es eine wichtige Aufgabe, gegenüber den nicht ungefährlichen Einheits- und Identitätsaussagen über Christus und die Kirche, den anderen Aspekt herauszuarbeiten, der die Differenz und das Gegenüber von Jesus und Kirche schärfer markiert.

II. Der jüdische Hintergrund des Kirchengedankens

Bei der Frage nach der Kirche ganz allgemein und insbesondere im Zusammenhang mit dem historischen Jesus darf der jüdische Hintergrund nicht übergangen werden. Die nachösterliche Urgemeinde entstand im Schoße des Judentums. In der Apostelgeschichte wird sie ausdrücklich als jüdische Sekte, nämlich als *tôn Nazoraíon haíresis,* bezeichnet, als „Nazarenersekte" (Apg 24, 5.14), analog zu anderen, ebenfalls als *haíresis* bezeichneten jüdischen Gruppen der Sadduzäer und der Pharisäer (Apg 5,17; 15,5; 26,5). Der Ausdruck *haíresis* hat bei Lukas nicht den negativen Klang der Häretikergruppe, sondern bezeichnet neutral die jüdischen Gruppenbildungen überhaupt, so ähnlich wie der jüdische Historiker *Flavius Josephus* von den Philosophenschulen der Juden spricht, wenn er die verschiedenen Parteien und Richtungen des Judentums kennzeichnen will [7]. Die Gruppe der Nazarener erscheint also als eine besondere jüdische Gruppe neben anderen, und das entspricht, von außen betrachtet, auch dem historischen Befund. Aber auch die Bezeichnung *ekklesía toû Theoû,* „Gemeinde" oder „Versammlung Gottes", wie sie erstmals als Selbstbezeichnung der Jerusalemer Urgemeinde nach Ostern auftaucht, weist auf den jüdischen Ursprung zurück [8]. Das hebräische Äquivalent dafür dürfte aller Wahrscheinlichkeit nach in dem *qahal jahwe* des Alten Testaments zu suchen sein. Damit wurde die Versammlung des alten Gottesvolkes Israel vor Jahwe, besonders im Kult, bezeichnet. Wenn die nachösterliche Gemeinde diese Bezeichnung aufnahm, dann wohl deshalb, weil sie sich als die gültige Vollversammlung Gottes, als das neue Gottesvolk oder als das „wahre Israel" verstand, und zwar in einem eschatologischen Sinn. *Lucien Cerfaux* hat in seinem Buch über den paulinischen

[7] Vgl. *Flavius Josephus,* Jüdischer Krieg II, 119.

[8] Zum Ganzen vgl. *K. L. Schmidt,* Art. *ekklesía,* in: Theol. Wörterbuch zum NT, III, 502–539.

Kirchenbegriff („La Théologie de l'Église suivant Saint Paul"[9]) wohl mit Recht herausgearbeit, daß die Bezeichnung *ekklesía toû Theoû* anfänglich nicht eine „Universalkirche meint, sondern ganz konkret die Jerusalemer Urgemeinde". Nach ihrem Beispiel übernahmen zunächst die judäisch-palästinensischen Christengemeinden die Bezeichnung (vgl. 1 Thess 2, 14), ebenso Paulus, nämlich für die Ortskirchen und deren Gemeindeversammlung. Zur Bezeichnung einer Universalkirche wird der Ausdruck *ekklesía* wohl erstmals im Epheserbrief verwendet. *Cerfaux* faßt seine Ergebnisse folgendermaßen zusammen: „Die semantische Entwicklung des Wortes *ekklesía* (église) zeigt also einen Bruch in dem Augenblick, wo die Heiden zum Christentum stoßen. Das setzt für dieses Wort eine fundamental religiöse Bedeutung voraus, die sich nicht ohne weiteres übertragen ließ."[10] Eben diese semantische Veränderung im Kirchenbegriff, die mit der geschichtlichen Entwicklung des Urchristentums, vor allem mit der Heidenmission, zusammenhängt, dürfen wir nicht in die Anfänge zurücktragen. Wir müssen vielmehr davon ausgehen, daß die Jerusalemer Urgemeinde den Anspruch erhob, das wahre eschatologische Israel, das Gottesvolk der Endzeit, die messianische Heilsgemeinde und die Gemeinde des Neuen Bundes zu sein. Ein derartiges Selbstverständnis ist aber nur möglich im jüdischen Milieu.

Mit ihrem Anspruch, das wahre oder neue Israel zu sein, stand die christliche Urgemeinde keineswegs allein. Denn die Frage nach dem „wahren Israel" wurde im Rahmen des Judentums schon länger gestellt, und es gab verschiedene Gruppen, die diese Bezeichnung in unterschiedlicher Form für sich reklamierten. Das setzt voraus, daß das jüdische Volk kein ganz einheitlich geprägtes Selbstbewußtsein mehr besaß, sondern daß es verschiedene Vorstellungen über Wesen und Aufgabe des jüdischen Volkes gab. Dies ist in der Tat der Fall. Seit dem Aufstand der Makkabäer im Jahre 167 v. Chr. war für das Judentum die Bestimmung Israels

[9] Paris ^{2}1965.
[10] A.a.O. 99.

problematisch geworden, und zwar deshalb, weil hier die Kluft zwischen jenem Teil des jüdischen Volkes, der den Hellenisierungsbestrebungen der Diadochenzeit positiv gegenüberstand, und den Frommen, den Asidäern, die an der Tora und an den überkommenen Überlieferungen festhielten, offen zutage trat. Bis zum Ende des zweiten Tempels (70 n. Chr.) wurde dieser Konflikt nie ganz bereinigt. Durch den Sieg der Hasmonäer war die Gefahr einer akuten und vollständigen Hellenisierung zwar überwunden, aber die liberalen Tendenzen, insbesondere der führenden aristokratischen Kreise, lebten weiter; wir finden ihre Vertreter in der Partei des Hochadels, bei den Sadduzäern, die in der Römerzeit stets auf ein erträgliches Verhältnis zur Besatzungsmacht bedacht waren.

Die Gruppe der Asidäer, der Bekenntnisfrommen der Makkabäerzeit, wurde durch die Konfliktsituation in stärkster Weise darauf zurückgeworfen, sich über die wahre Bestimmung Israels als des „heiligen Volkes Gottes" auf neue Weise Klarheit zu verschaffen. Die Frage nach dem „wahren Israel" stand damit zur Diskussion. *O. Plöger* spricht in seinem Buch „Theokratie und Eschatologie"[11] von einem „Riß, ... der die auf Kult und Gesetz gegründete jüdische Gemeinde zu spalten begonnen hat", und bringt damit die entstehende Apokalyptik in Verbindung. „In der Auffassung des Danielbuches aber kündigt sich der konventikelhafte Geist einer bewußten Absonderung insofern an, als die Zugehörigkeit zum ‚wahren Israel' von der Anerkennung eines bestimmten Dogmas, eben jenes eschatologischen Verständnisses der geschichtlichen Ereignisse, und das heißt von der Zugehörigkeit zu einer bestimmten Gruppe, abhängig gemacht wurde."[12] Diese Absonderung gilt jetzt nicht mehr gegenüber dem Gegner, sondern gegenüber den früheren Genossen. – Die Frage nach dem „wahren Israel" ist also keineswegs erst durch die christliche Kirche und Theologie aufgeworfen worden, obwohl sie dort später

[11] Neukirchen 1959.
[12] l.c., 29. 30.

weiter diskutiert wurde; ihr Ursprung liegt vielmehr im vorchristlichen Judentum selbst. Sie gehört schon zum Themenkatalog der jüdischen Apokalyptik und insofern auch zur Messianologie. Sie wurde auch keineswegs einheitlich beantwortet. Oder besser gesagt, es gab eine gemeinsame Basis für ihre Beantwortung, die für alle jüdischen Kreise gültig war, und diese Basis war die Tora-frömmigkeit. Aber die asidäische Bewegung spaltete sich sehr bald auf, zunächst in die Gruppe der Essener, die uns durch Qumran am besten bekannt geworden sind, und in die pharisäische Bewegung. Später, und zwar mit der Einführung des Prokuratorenregiments in Judäa (6 n. Chr.), kamen noch die Zeloten dazu. Der Generalnenner, auf den man die Bemühungen dieser Parteien bringen kann, lautet: Ihnen allen ging es um die Verwirklichung des „wahren Israel" als des von Gott erwählten „heiligen Volkes" im Hinblick auf das kommende Endheil. Das apokalyptische Gedankengut spielte in den Gruppen der Essener und der Zeloten eine ganz wesentliche Rolle; aber auch die Pharisäer waren davon ergriffen. Die spätere Ausmerzung der Apokalyptik durch die großen Rabbinen der talmudischen Ära darf man auf keinen Fall für die Pharisäer der Jesus-Zeit postulieren, es handelt sich vielmehr um eine nachträgliche Radikalkur, welche die Konsequenzen aus den großen Niederlagen des jüdischen Krieges (66 bis 70 n. Chr.) und des Bar-Kochba-Aufstandes (135 n. Chr.) zog.

Von besonderem Interesse ist für unsere Frage *das Selbstverständnis der Qumran-Gemeinde.*

Denn hier hat sich, verstärkt durch die Absonderung vom offiziellen Judentum, das Gruppenbewußtsein, das „wahre Israel" zu verkörpern, am stärksten artikuliert.[13] Die beiden wichtigsten Zeugnisse für dieses Selbstverständnis sind die „Sektenregel" (1 QS) und die „Damaskusschrift" (CD). Die häufig vorkommende Selbstbezeichnung der Gemeinde als *jachad,* auf deutsch

[13] Vgl. dazu *H. Braun,* Qumran und das Neue Testament, 2 Bde. (Tübingen 1966); besonders II, § 5. Qumran und Jesus, abgesehen von der Messianologie, 85–118; – § 7. Die Urgemeinde, 144–165; – § 13. Esoterik, Separatismus und Universalismus, 235–243.

„Versammlung", „Einung" oder „Gemeinschaft" (koinonía), weist auf den besonderen Gruppencharakter der Qumrangemeinde hin. *Jachad* darf man wohl als eine Art terminus technicus für diesen Verband bezeichnen [14]. Der Begriff wird häufig absolut gebraucht, doch gibt meistens der Kontext diesem Begriff einen spezifischen Inhalt. Der Sache nach wird man in diesem Sprachgebrauch noch am ehesten eine Analogie zu dem technischen Gebrauch von *ekklesía* sehen können, wie er bei Paulus schon häufig vorkommt (vgl. z.B. 1 Kor 11,18; 14,4.5.12.19.23.28.33.34.35) und sich dann später eingebürgert hat. Der Ausdruck *qahal el* = „Versammlung Gottes" findet sich nur in der Kriegsrolle als Aufschrift für ein Feldzeichen der eschatologischen Befreiungsarmee (1 QM 4,10). Häufiger dagegen ist der Ausdruck *ezah* im Sinne von „Ratsversammlung", etwa in der Verbindung „Ratsversammlung Gottes" (*azath el,* 1 QS 1,8.10), „ewige Ratsversammlung" oder „ewige Gemeinde" (*azath olamim,* 1 QS 2,23), „heilige Ratsversammlung" (1 QS 2,25) oder auch als „Ratsversammlung der Gemeinschaft" (*azath jachad,* 1 QS 3,2.6; 5,7; 6,3; 6,10.12.14 und öfter).

Ein typisches Merkmal dieser Gemeinschaft ist ihre Absonderung:

„Dies ist die Ordnung für die Männer der Einung,
die sich willig erweisen, umzukehren von allem Bösen
und festzuhalten an allem, was Er nach seinem Willen befohlen;
sich abzusondern von der Gemeinde der Männer des Unrechts
und zur Einung in bezug auf Gesetz und Besitz zu werden;
verantwortlich gegenüber den Zadokiten, den Priestern,
den Wahrern des Bundes
und gegenüber der Menge der Männer der
Einung, die festhalten am Bund" (1 QS 5,1–3).

[14] *J. Maier,* Zum Begriff *jachad* in den Texten von Qumran, in: Zeitschrift für die alttestamentliche Wissenschaft 72 (1960) 148–166.

Das Selbstverständnis als Gemeinde des „neuen Bundes“ findet sich hauptsächlich in der Damaskusschrift (CD 6,19; 8,21; 19,33; 20,12), und zwar meist in der Wendung „der neue Bund im Lande Damaskus“. Die Frage, ob es sich bei der Formulierung „im Lande Damaskus“ um eine apokalyptische Chiffrierung für die Qumrangemeinde und ihre Niederlassung am Toten Meer handelt oder ob ein Teil der essenischen Gemeinschaft früher oder später sich von dem Klosterverband in Qumran trennte, um nach Damaskus zu übersiedeln, ist weithin kontrovers. Allerdings hat die erste Auffassung gute Gründe für sich. An einer Stelle ist die Rede von denen, die „verachten den zuverlässigen Bund, den sie aufgerichtet haben im Lande Damaskus, nämlich den neuen Bund“ (CD 20, 12). Dies könnte gut den Vorgang der Trennung vom offiziellen Judentum bezeichnen und wäre dann ein Beleg für das Selbstverständnis der Qumrangemeinschaft als Gemeinde des „neuen Bundes“.

Es kann hier leider nicht darum gehen, das Selbstverständnis der essenischen Gemeinde in extenso zu entwickeln. Im Hinblick auf den Kirchenbegriff hat man zwar genügend Vergleiche zwischen der Qumrangemeinde und der christlichen Urgemeinde angestellt, um Analogien oder Ableitungen aufzuzeigen. Doch fehlt bis jetzt noch eine Monographie, die das Gemeindeverständnis von Qumran umfassend behandelt. Die Analogien würden dabei deutlicher in Erscheinung treten, ebenso aber auch die nicht zu leugnenden Unterschiede. Generell darf man wohl sagen, daß die Qumrangemeinde gegenüber dem offiziellen Judentum sich als die einzige legitime Gemeinde des überlieferten Gottesbundes versteht, die den Bund in der rechten Weise wahrt, während die am Tempel amtierende Priesterschaft, insbesondere das Hohepriestertum, und die Pharisäer diesen Bund verlassen oder zumindest aufgeweicht haben. Sie verkörpert also den „heiligen Rest“, und zwar nach ihrer Meinung exklusiv. Dies tut sie vor allem durch ihren strengen Toragehorsam, das Festhalten am richtigen Kalender, die gewissenhafte Einhaltung der priesterlichen Reinheitsvorschriften, durch ihre ganze Lebensart der *jachad* und nicht

zuletzt durch die apokalyptische Naherwartung. Ihre eschatologische Grundhaltung, die freilich anders ausgerichtet ist als in der christlichen Urgemeinde, wo sie sich ganz an der Person Jesu orientiert, ist auch die Voraussetzung für das Selbstverständnis als „Gemeinde des neuen Bundes". Das heißt, die Qumrangemeinde lebt in der Gewißheit, daß in ihr der Bund weiterlebt, und zwar bis zu seiner eschatologischen Vollendung. Man hat weiter darauf hingewiesen, daß die Qumrangemeinde mit ihrer Bußforderung eine „Freiwilligkeitsgemeinde" *(H. Braun)* darstellt, aber auch, daß ihr Sektengeist jede Offenheit vermissen läßt und daß von einem „Universalismus" bei ihr keine Rede sein könne. Der dualistische Denkansatz, der wohl auch mit dem Separatismus zusammenhängt, erzeugt ein typisches Schwarz-Weiß-Denken oder auch Freund-Feind-Denken, wie es schon im ersten Abschnitt der Sektenregel zum Ausdruck kommt:
„Alles zu lieben, was Er erwählt,
und alles zu hassen, was Er verworfen...

Alle Söhne des Lichtes zu lieben,
jeden nach seinem Los in Gottes Gemeinde,
und alle Finsternissöhne zu hassen,
jeden nach seiner Verschuldung, in Gottes Rache" (1 QS 1, 3–4.9–11).

III. Der historische Jesus und seine eschatologische Konzeption

Wenn wir von dem Selbstverständnis der Qumrangemeinde zum historischen Jesus kommen, um nach seiner „eschatologischen Konzeption" zu fragen – ich habe bewußt diesen möglichst offenen, unbestimmten Ausdruck gewählt –, dann werden eine Reihe gewichtiger Unterschiede triftig. Dies zeigt sich schon darin, daß die qumranische Sondergemeinde mit ihrem spezifischen Selbstverständnis sich viel besser mit der nachösterlichen Kirche vergleichen läßt als mit dem historischen Jesus und der Jesus-Bewegung. Wir dürfen uns von der Themenstellung „der historische Jesus und die Kirche" nicht dazu verführen lassen, den Kirchengedanken unbesehen in die Wirksamkeit Jesu einzutragen. Denn wir haben ja alle eine gewisse Vorstellung davon, was Kirche ist oder sein sollte, und heben dann gewöhnlich jene Momente hervor, die mit dieser Vorstellung übereinstimmen, um dann eine Entwicklung aufzuzeigen, die von der Botschaft Jesu kontinuierlich zu dieser Kirchenvorstellung führt. Gerade dies darf aber nicht geschehen; denn dann würden wir uns der Möglichkeit verschließen, von der Botschaft Jesu her neu zu verstehen, was mit „Kirche" gemeint sein könnte. Vielmehr müssen wir damit rechnen, daß sich „Kirche" in den Evangelien anders darstellt, als wir sie zu sehen gewohnt sind. Außerdem ist der Bruch, der zwischen der Jesus-Zeit und der Zeit der Kirche liegt, nicht zu verharmlosen; denn vor Ostern steht das Kreuz, also das Scheitern Jesu. Schon von daher gesehen, kann von einer rein kontinuierlichen Entwicklung keine Rede sein. Im Hinblick auf Qumran können wir schon jetzt negativ festhalten: Eben eine solche separatistische Gruppe mit einer esoterischen Geheimlehre, die sich von der großen Gemeinde des jüdischen Volkes absondert, sich exklusiv als „heiligen Rest" versteht und alle anderen, die sich ihr nicht anschließen, als „Männer des Frevels", „Belialssöhne" oder ähnlich abqualifiziert, hat Jesus in der Tat nicht bilden wollen. Dazu finden sich in seiner Tätigkeit keinerlei Ansätze. Wenn *H. Braun* formuliert: „Aber im Zentralen gehen Qumran und Jesus ganz auseinander. Denn Jesus gründet keine Kirche" [15], dann ist diese Formulierung als Antithese zu Qumran absolut zutreffend. Allerdings wird in dieser Formulierung der Begriff „Kirche" zu oberflächlich mit dem Begriff der „Sekte" gleichgesetzt und die Frage ausgeklammert, warum es von Jesus und seiner Botschaft her dann doch zur Kirchenbildung kam. Historisch wird man die Frage einer

[15] Qumran und NT II, 93.

„Kirchengründung“ durch Jesus weder mit einem glatten Ja noch mit einem ebenso entschiedenen Nein beantworten dürfen, und zwar deshalb nicht, weil diese Frage außerhalb des Horizontes Jesu lag.

Wir kommen vielleicht weiter, wenn wir fragen: Was hat Jesus gewollt? Hier müssen wir davon ausgehen, daß es im Judentum des apokalyptischen Zeitalters zwei Bewegungen gibt, die zwar beide eschatologisch geprägt sind, deren Eschatologie sich aber von den gängigen apokalyptischen Konzeptionen grundsätzlich unterscheidet. Es handelt sich einmal um die Bewegung Johannes des Täufers und zweitens um die Bewegung Jesu. Die Evangelien haben mit Recht den engen Zusammenhang beider Bewegungen festgehalten. Für die eschatologische Konzeption der beiden Bewegungen scheint mir folgendes besonders kennzeichnend zu sein: Beide verstehen die Naherwartung des baldigen Endes nicht unkritisch von der allgemeinen Heilszuversicht her, daß dieses Ende ganz selbstverständlich die Rechtfertigung und Rettung des jüdischen Volkes bringen würde, sondern sie radikalisieren die Eschatologie dahin, daß sie verstanden wird als das Kommen Gottes zu Gericht und Heil. Vor allem der Täufer wendet die eschatologische Naherwartung kritisch gegen Israel selbst und fordert daraufhin zu Umkehr und Buße auf; die Taufe gilt als sichtbares Zeichen der Umkehr. Die politischen Hoffnungen einer Befreiung Israels von der Herrschaft der Weltmächte oder einer messianischen Weltherrschaft Israels über die Völker spielen weder beim Täufer noch bei Jesus eine erkennbare Rolle. Insofern muß man wohl sagen, daß bei ihnen die eschatologische Konzeption radikal vom Gottesgedanken her geprägt ist, sie ist wurzelhaft religiös bestimmt. Beide wenden sich mit ihrer Botschaft an das gesamte jüdische Volk ohne Unterschied der Parteien. Die Forderung der Umkehr richtet sich an ganz Israel, was voraussetzt, daß ganz Israel der Umkehr bedarf. So gesehen, handelt es sich um einen „konkreten Universalismus“. Nur darf man dabei weder bei Johannes noch bei Jesus an eine universale Menschheitsreligion denken, die schon die Heidenvölker einschlösse. Universalistisch ist die Botschaft Jesu und des Täufers nicht in einem extensiven, sondern in einem intensiven Sinn, weil beide sich an das ganze jüdische Volk wenden und jeden einzelnen ohne Rücksicht auf seine Gruppenzugehörigkeit ansprechen wollen. Genau von diesem Tatbestand ist auszugehen. Jesus verkündet seinerseits die Nähe der Gottesherrschaft, und zwar keineswegs als eine Botschaft für die ganze Menschheit; sondern die unmittelbaren Adressaten dieser Botschaft sind die jüdischen Zeitgenossen Jesu. Geht man von diesem konkreten geschichtlichen Ansatz aus, dann liegt die „Kirche aus Juden und Heiden" nicht im Horizont der Wirksamkeit Jesu. Es handelt sich hier um eine historische Unmöglichkeit, die man durch dogmatische Spekulationen nicht überspielen darf.

Was Jesus mit seiner Reichsbotschaft will, ist also zunächst nichts anderes als die Umkehr Israels zu seinem Gott, dessen unbedingten und grenzenlosen Heilswillen Jesus verkündigt. Die jüdische Frömmigkeit wird dabei von innen her aufgebrochen, verflüssigt und von ihren starren Elementen befreit. Das ist zunächst ein ganz und gar innerjüdischer Vorgang, aber ein Vorgang von einer seltsam elementaren Tiefe und Kraft, von einer Dynamik und Ursprünglichkeit, die das Ganze in eine nicht abzusehende Bewegung bringt. Dieser Vorgang läßt sich kaum durch eine glatte Formel fassen; man kann nur versuchen, die einzelnen Momente festzuhalten und möglichst genau zu bezeichnen.

In seinem Verständnis der *basileía toû Theoû,* des „Reiches Gottes", versteht Jesus die eschatologische Gottesherrschaft als das Heil, das auf den Menschen zukommt, und zwar mit Gewißheit, dergestalt, daß es schon jetzt im alten Äon das ganze Denken und Handeln des Menschen bestimmen soll. Der radikale Heilswille Gottes ist die Grundvoraussetzung, von der Jesus ausgeht und die sein ganzes Reden und Wirken von Grund auf motiviert. Eben dieser Heilswille Gottes ist „universal" verstanden; einen partikularistischen Gruppen- oder Volks-Gott kennt Jesus nicht. Das beste Beispiel dafür ist das Gebot der Feindesliebe (Mt

5,43–48; Lk 6,27–36): Gottes Liebe gilt allen; er fragt bei der Verteilung von Sonnenschein und Regen nicht nach Guten und Bösen, Gerechten und Ungerechten. Und eben dieses göttliche Verhalten soll der Mensch nachahmen. Natürlich ist der universale Monotheismus im jüdischen Glauben angelegt und schon vor Jesus vielfältig ausgesprochen. Aber er konnte auf Grund des partikularistischen Selbstverständnisses des Judentums in Verbindung mit der Gesetzespraxis sich nicht ungebrochen auswirken; aber genau dies geschieht bei Jesus. Nach ihm will Gott das Heil aller. Daraus zieht Jesus eine erstaunliche Konsequenz. Er wendet sich mit seiner Botschaft nicht nur an die frommen Kreise, und er fordert nicht zu einem verschärften Toragehorsam auf. Sondern er wendet sich gezielt an jene Kreise, die das herrschende Frömmigkeitsverständnis, etwa der Pharisäer und erst recht der Essener, weitgehend von der Frömmigkeit und damit auch vom Heil ausgeschlossen hatte, an den *am-ha-arez*, das einfache Volk, das das Gesetz nicht kennt, an die Zöllner, Sünder, Dirnen usw. Die Heilsbotschaft Jesu richtet sich also bewußt an jene Menschen, die notorisch im „Unheil" sind, von der Gottesgemeinschaft ebenso ausgeschlossen wie von dem Verband der Frommen, die jedenfalls als solche angesehen werden und die wohl auch am meisten um ihre eigene problematische Unheilssituation wissen. Sie haben nach der Meinung Jesu die Kunde vom göttlichen Heilsangebot am dringendsten nötig. Jesus ist dabei anscheinend nicht vom Ideal des „heiligen Volkes" geleitet, auch nicht von der Vorstellung des „wahren Israel", sondern davon, daß Gott das Heil des ganzen Volkes will. Man spürt bei diesem Ansatz deutlich die Schwierigkeit, ihn genau zu erfassen und festzuhalten, damit sich keine verengenden, partikularistischen und dualistischen Vorstellungen eindrängen. Diese liegen um so näher, als die Kirchen im Lauf ihrer Geschichte solchen Vorstellungen mehr oder weniger erlegen sind. Auch der Begriff der „Freiwilligkeitsgemeinde" versagt an dieser Stelle. Gewiß ist es so, daß die Reichsbotschaft Jesu die Forderungen von Umkehr und Glauben einschließt; der Mensch soll sich dieser Botschaft öffnen und dazu ja sagen. Aber dies ist keine Aufforderung zur Sektenbildung und schließt keinen neuen Dualismus ein. Das Gleichnis vom „Unkraut unter dem Weizen" (Mt 13,24–30), das man nicht von der allegorischen Deutung des Matthäus her verstehen darf (Mt 13,24–30), bringt wohl am entschiedensten den Verzicht auf die „reine Gemeinde" in dieser Welt zum Ausdruck. Den Säuberungstendenzen, die wohl durchweg von einem totalitären Eifer geprägt sind, der meint, die Gemeinde der Heiligen auf Erden schon verwirklichen zu können, hat Jesus entschieden widerstanden.

Gewiß hat Jesus bestimmte „Zeichen" des nahen Heiles gesetzt. Zu diesen Zeichen gehören außer den Dämonenaustreibungen und Heilungswundern an wichtigster Stelle die Tischgemeinschaft Jesu mit den „Zöllnern und Sündern" (vgl. Mk 2,13–17 par; Mt 11, 16–19 par: das Gleichnis von den spielenden Kindern; Lk Kap. 15). Diese Tischgemeinschaft war für Jesus anscheinend so charakteristisch, daß sie ihm den Vorwurf eintrug: „Seht diesen Fresser und Säufer, den Freund der Zöllner und Sünder" (Lk 7,34 par). Sie gewinnt für die Wirksamkeit Jesu den Sinn einer bewußt gesetzten, auch provozierenden „Zeichenhandlung". Jesus realisiert darin den göttlichen Heils- und Gemeinschaftswillen, in dem er sich mit den Ausgestoßenen und Abgeschriebenen an einen Tisch setzt. Der Vergleich mit den rituellen Mahlzeiten der Essener zeigt hier den gewaltigen Unterschied. In Qumran ist das Mahl ein Zeichen der Exklusivität dieser Gruppe. Es ist völlig undenkbar, daß ein „Unreiner" daran hätte teilnehmen können. Genau das Gegenteil ist bei Jesus der Fall. Für ihn ist das Mahl, was den Personenkreis betrifft, völlig offen und einladend weit. Mit Pharisäern setzt Jesus sich ebenso an einen Tisch wie mit dem Zöllner Zachäus; er läßt aber auch die stadtbekannte Sünderin zu sich hereinkommen, mag dies den Pharisäer Simon auch noch so sehr skandalisieren (Lk 7,36–50; 14,1–24; 19,1–10). Gewiß führt von jenen Mahlzeiten Jesu, die ein Ausdruck festlicher Freude sind, über das erfahrene gegenwärtige Heil eine direkte Linie zur Eucharistiefeier als der zentralen Kultfeier der nachösterlichen Gemeinde. Man sieht aber auch, daß die nachösterliche Mahlgemeinschaft der Kirche als rituelles Kultmahl wieder sehr bald dahin tendiert, zum exklusiven Mahl einer Gruppe zu werden und die Offenheit, die ihm Jesus ursprünglich gegeben hatte, einzuschränken durch neue „Reinheitsbestimmungen“. – Auch die Neuformulierung des Toragehorsams ist zu erwähnen. Jesus verwirft die Tora an sich nicht, sondern hält generell am „Gesetz und den Propheten“ fest. Aber er behandelt gleichwohl die Tora und ihre Vorschriften sehr souverän. Die Torakasuistik, der „Zaun um das Gesetz“, wird von Jesus nicht übernommen, sondern abgelehnt. Die kultischen Reinheitsvorschriften hat Jesus anscheinend ausdrücklich verworfen; das Sabbatgebot wird liberalisiert und humanisiert, auch die Speisevorschriften hat Jesus wohl kaum besonders wichtig genommen. Die Radikalisierung des Gehorsams erfolgt bei Jesus durch eine Reduktion auf das Wesentliche, auf den Kern der Sache, das heißt letztlich auf die radikal verstandene Liebe. Die Vielzahl der Gebote wird vereinfacht, so daß auch der einfache Mann den Gotteswillen erfüllen kann. Dabei wird das Verhalten zum Nächsten ein ganz wichtiges Kriterium für die gesamte Frömmigkeit. Der Nächste tritt an die Stelle eines verabsolutierten Gesetzes, seine Bedürfnisse werden für die Erkenntnis des Gotteswillens konstitutiv. Motiv dafür ist auch hier der göttliche Heilswille, der allen erreichbar sein soll, nicht nur jenen Kreisen, die die Tora kennen und sie studieren. Das bedeutet der Sache nach eine Entschränkung, eine Ausweitung des Gotteswillens auf das allgemein Menschliche. Die paulinische Gesetzesfreiheit ist darin schon grundsätzlich angelegt. Aber zu einer neuen Institutionalisierung führt dies bei Jesus selber nicht. Die Begegnungen mit Heiden, wie dem Hauptmann von Kapharnaum (Mt 8, 5–13 par) oder der kanaanäischen Frau (Mk 7, 24–30 par), braucht man nicht als unhistorisch abzutun. Gerade in der zweiten Geschichte kommt die Absicht Jesu, sich an Israel zu halten und diesen Kreis nicht zu überschreiten, ausdrücklich zur Sprache: zuerst müssen die Kinder gesättigt werden, es ist nicht recht, den Kindern das Brot wegzunehmen und es den Hündchen hinzuwerfen (Mk 7, 27).

Aber das besagt nicht, daß Jesus den Glauben, der ihm von Heiden entgegengebracht wird, nicht annehmen würde. Auch hier ist die unprinzipielle Offenheit für Jesus bezeichnend; er schränkt die Heilsmöglichkeit nicht mehr auf Israel ein, sowenig wie auf den Kreis der Frommen und Gerechten.

Aber bildet nicht die Sammlung der Jünger, der Ruf Jesu zur Nachfolge und die Errichtung des Zwölferkreises eine Art Vorstufe der Kirche? Auch hier werden wir uns zunächst sagen müssen, daß man die spätere Entwicklung nicht in die Jesus-Zeit übertragen darf. Daß sich die Jüngergruppe Jesu nach Ostern wieder zusammenfand und damit den entscheidenden Anstoß zur Bildung der Urgemeinde gab, für die entstehende Kirche, ist zweifellos richtig. Aber daß die Kirchenbildung in der Intention Jesu lag, wird man deshalb noch nicht sagen dürfen. Jesus hat offenkundig Anhänger für seine eschatologische Reichsbotschaft gesucht; er hat gewollt, daß die Menschen in Israel seine Botschaft aufnehmen und dem Ruf zur Umkehr folgen möchten. Er wollte gewiß möglichst viele Menschen zu Anwärtern machen für das kommende Reich Gottes. Aber dies ist ihm offenbar nicht gelungen. Immerhin, Jesus hat Schüler um sich gesammelt, die ihm nachfolgten, und diese Nachfolge schloß ein Bekenntnis, oder vorsichtiger ausgedrückt, eine Anerkennung seiner Lehren ein und darüber hinaus eine enge Bindung an seine Person[16]. Die Lehren, die Jesus vertrat, waren offenbar nicht so, daß man sie rein inhaltlich objektiv hätte betrachten und weitergeben können, ohne den Lehrer selbst mit in Betracht zu ziehen. Vielmehr waren die Person und das Verhalten Jesu für diese Lehren mitentscheidend. Zur Verkündigung Jesu gehörte offenbar auch eine ganz bestimmte Lebensform. Aber diese Lebensform ist nicht die eines Ordens, einer festgefügten Institution, oder eines Gesetzes. Von außen gesehen, ist sie eigenartig ungebunden und frei. Der Meister wandert mit seinen Jüngern durch Galiläa. Er hat vielleicht in Kapharnaum

[16] *E. Schweizer,* Erniedrigung und Erhöhung bei Jesus und seinen Nachfolgern (Zürich ²1955) Abs. 1.

eine Art Zentrum oder Stützpunkt, aber keinen festen Wohnsitz. Wie läßt sich eine derart mobile und dynamische Gruppe soziologisch einordnen? Bestimmend sind für sie einzig und allein die Lehren und das Verhalten des Meisters. Liegt darin nicht ein gewisser Ausdruck dafür, daß solches Lehren und Verhalten sich nicht ohne weiteres in einen festen Rahmen, in ein System pressen läßt? Anscheinend hat Jesus auch die Jünger als Multiplikatoren seiner Botschaft eingesetzt. Die große „Aussendungsrede“ (Mt 9,35–10,40) ist in ihrer vorliegenden Fassung zweifellos eine Komposition des Evangelisten Matthäus; dabei wird die Überlieferung auf die nachösterliche Situation der missiontreibenden Urkirche angewendet. Das schließt aber doch nicht aus, daß Jesus selbst seine Jünger mit der Ausbreitung der Reichsbotschaft betraut hat, allerdings in der Absicht, seine Botschaft in Israel möglichst weit zu verbreiten. Ein solcher Vorgang läßt sich aus der Dringlichkeit der Naherwartung der Gottesherrschaft ohne weiteres begreifen. Heidenmission war darin sowenig vorgesehen wie bei Jesus selbst. Erst nach Ostern hat man dann in der Urkirche Jesu Weisungen für die eschatologische Judenmission auf die neue Situation der Heidenmission übertragen, als diese in das Blickfeld der Urkirche trat. Die Nachfolge hat Jesus nicht von allen verlangt; die Aufnahme in den Jüngerkreis erfolgte keineswegs unter einem separatistischen Aspekt, sondern eher unter dem Gesichtspunkt einer entschiedenen Indienstnahme für die Reichsbotschaft. Auch ist der Jüngerkreis Jesu nicht hierarchisch gegliedert; in diesem Fall ist gerade der Vergleich mit Qumran oder auch mit der jüdischen Tempelhierarchie besonders lehrreich. In Qumran herrscht eine streng hierarchische Ordnung der Mitglieder, je nach ihrer priesterlichen Herkunft. Eine derartige hierarchische Struktur finden wir bei Jesus nicht, was noch dadurch unterstrichen wird, daß auch Frauen zum Gefolge Jesu gehören konnten, ein für jüdische Verhältnisse geradezu unerhörter Vorgang. Welche Bedeutung hat dann die Konstituierung des Zwölferkreises (vgl. Mk 3, 13–19 par)? Beim Evangelisten Lukas hat der Kreis der „zwölf Apostel“ schon eine ganz bestimmte theologische Funktion, die über seine anfängliche Rolle und Bedeutung in der Jesus-Zeit weit hinausgeht. Für Lukas sind die „zwölf Apostel" das wichtigste Bindeglied zwischen der Jesus-Zeit und der Zeit der Kirche, sie sind die Garanten der Jesus-Überlieferung und die berufenen Auferstehungszeugen, schließlich die Träger der Verkündigung. Aber in dieser eindrucksvollen, geschlossenen Form treten sie erst bei Lukas in Erscheinung. Gegenüber manchen kritischen Einwänden erscheint es mir zunächst richtig, an der Konstitution des Zwölferkreises durch Jesus festzuhalten. Als „Apostel" hat Jesus die Zwölf sicher noch nicht verstanden. Der Zwölferkreis entspricht der intensiven Universalität der eschatologischen Reichsbotschaft im Hinblick auf ganz Israel. Die Zwölf sind das vorwegnehmende Zeichen, daß es Jesus um die eschatologische Verwirklichung Israels als Zwölfstämmevolk geht; sie kennzeichnen den Gegenwartsbezug der Gottesherrschaft, wie sie in der Wirksamkeit Jesu bereits in die Gegenwart hereinragt. Darin liegt ihre Bedeutung. Eine besondere hierarchische Stellung haben die Zwölf in der Jesus-Zeit nicht. Ebenso gehört der Begriff des „Apostels" in die nachösterliche Gemeinde.

Es bleibt noch die Frage nach dem „Petrusbekenntnis", besonders in seiner matthäischen Fassung (Mk 8,27–30; Mt 16,13–20; Lk 9,18–21)[17]. Die ursprüngliche Fassung des Petrusbekenntnisses bietet der Evangelist Markus, der nur das Messiasbekenntnis bringt, dagegen nicht das berühmte Verheißungswort an Petrus.

[17] Zum gesamten Petrus-Problem vgl. *A. Vögtle,* Art. Petrus, I. In der Schrift, in: LThK 8, 334–340. „Von entscheidender Bedeutung wurde die Auszeichnung Simons durch den Beinamen *kepha,* durch Sonderauftragsworte (Mt 16,18 f; Lk 22, 31f; Joh 21, 15ff)", 335. – *ders.,* Messiasbekenntnis und Petrusverheißung, in: Bibl. Zeitschrift, NF 1 (1957) 252–272; 2 (1958) 84–103. *Vögtle* faßt sein Ergebnis folgendermaßen zusammen: „Ganz allgemein wird man vermuten können, daß Jesus vom Neubau seiner Kirche erst nach der Anbahnung einer Scheidung zwischen Volk und Jünger sprach, nachdem er den engeren Jüngerkreis in den Gedanken seiner Lebenshingabe als *‚lytron* für die Ungezählten' (Mk 15,45) eingeweiht, ja von der Besiegelung des ‚neuen Bundes' durch sein Blut gesprochen hatte, der als solcher auf ‚die messianische Neukonstituierung des Gottesvolkes' hinzielt; möglicherweise also erst als der Auferstandene", 2, 103.

Dieses findet sich nur bei Matthäus, Mt 16,17–19, gehört also zum Sondergut dieses Evangelisten. Über dieses Wort wurde sehr viel geschrieben. Bei einer historisch-exegetischen Behandlung dieses Textes ist es, gerade weil ein ungeheurer historischer Ballast an dieser Stelle hängt, gleichwohl geboten, die späteren Interpretationen nicht in diesen Text zurückzutragen, sondern möglichst besonnen und nüchtern nach seiner ursprünglichen Bedeutung zu fragen. Dann ist erstens klar, daß es sich bei diesem Wort „du bist Petrus, und auf diesen Felsen will ich meine Kirche bauen ..." um eine matthäische Sondertradition handelt, die freilich im Rahmen des Neuen Testaments nicht isoliert dasteht. Das Wortspiel *Pétros – pétra* weist auf eine griechische Übersetzung hin, beim aramäischen *kepha* läßt sich die sprachliche Metapher ohne Schwierigkeiten durchführen. Paulus bringt gewöhnlich, wenn er selbst von Petrus spricht, die aramäische Form des Namens „Kephas" (1 Kor 1,12; 3,22; 9,5; 15,5; Gal 1,18; 2,9.11.14; Pétros findet sich dagegen bei Paulus nur Gal 2,7.8; wo es sich vermutlich um ein Zitat handelt). Ansonsten hat sich im Neuen Testament die gräzisierte Namensform (Simon) Pétros durchgesetzt. Insofern wird gerade Paulus zum wichtigsten Zeugen für die aramäische Herkunft des Namens. Daraus ergibt sich zwingend, der Beiname Kephas-Petros muß dem Simon in der aramäischen Urgemeinde zugekommen sein. Man wird dann auch nicht daran vorbeikommen, diesen Namen in irgendeiner Form auf Jesus zurückzuführen. Ebenso ist deutlich, daß es sich um einen Symbolnamen handelt, wie sie in ähnlicher Form auch bei den alttestamentlichen Propheten vorkommen. Aus dem Charakter des Petrus läßt sich der Symbolname bestimmt nicht herleiten. Mir erscheint folgende Erklärung am meisten vertretbar: Die Bezeichnung „Kephas" geht als solche wohl auf den historischen Jesus zurück und soll wahrscheinlich auch die führende Stellung des Petrus im Zwölferkreis unterstreichen. Ein vorösterliches „Messiasbekenntnis" könnte dabei durchaus mitgespielt haben, nur war dieses Messiasbekenntnis, wie die Fortsetzung bei Markus zeigt (Mk 8,31–33), ein Mißverständnis. Bekanntlich wird Petrus nach der ersten Leidensankündigung scharf zurechtgewiesen, weil er in allem Ernst versucht, Jesus vom Leidensgedanken abzubringen: „Gehe weg, hinter mich, Satan; denn du denkst keine göttlichen, sondern menschliche Gedanken!" (Mk 8,33.) Das heißt doch deutlich genug: Wenn Petrus Jesus als Messias verstanden hat, dann hat er ihn zugleich mißverstanden; aber auch für ihn gibt es keinen anderen Weg zum richtigen Verständnis Jesu als den der Nachfolge. Wird man die Beilegung des Symbolnamens Kephas Jesus selbst zusprechen müssen, dann heißt dies freilich noch nicht, daß man auch die Deutung dieses Namens, wie sie in Mt 16,18 sich findet, auf den historischen Jesus zurückführen muß. Diese Deutung hat in ihrer literarischen Form nämlich sehr deutlich den Charakter einer ätiologischen Interpretation, die eine vorhandene Gegebenheit durch Heranziehung etymologischer und sachlicher Momente verdeutlichen will. Man empfand in der nachösterlichen Gemeinde das Bedürfnis, den Namen Kephas zu erklären. Genau dies geschieht in dem Kirchenwort: Petrus bekam diesen Namen, weil die Kirche auf ihm, und das heißt zunächst ziemlich sicher auf seinem Christusbekenntnis, aufgebaut werden soll. Nur in der Verbindung mit dem Bekenntnis ist die Person des Petrus im Hinblick auf die Kirche relevant. Mit dem Christusbekenntnis ist auch die eschatologische Verheißung für die Kirche verbunden, sie ist eine Gegebenheit, die von den äonischen Mächten nicht zerstört werden wird. Schließlich erfolgt noch die Übertragung der „Schlüsselgewalt", das heißt die Vollmacht in bezug auf Einlaß und Ausschluß aus der Gemeinde. Was die Schlüsselgewalt betrifft, so ist es gerade für Matthäus wichtig, daß nach ihm diese Vollmacht auch der Gemeinde als solcher zugesprochen werden kann (Mt 18,18). Man kann dies wohl nur so verstehen, daß für den Evangelisten Matthäus Petrus nicht so sehr als Oberhaupt, sondern viel stärker als Repräsentant der glaubenden Gemeinde erscheint. Um hier zu einem vollständigen Urteil zu kommen, müßte man die gesamte Petrustradition des Matthäusevangeliums heranziehen, dann ergäbe sich ein ziemlich differenziertes Bild. In der Vergangenheit war es zweifellos ein Fehler, daß man Mt

16, 18 sehr isoliert gesehen und aus dem Kontext der übrigen Petrustexte herausgenommen hat, was zu einer sehr einseitigen Sicht führte. Ich bin also der Meinung, daß es sich bei Mt 16,18 f um eine nachösterliche Gemeindebildung handelt, und zwar um eine Bildung der aramäisch sprechenden Urgemeinde, im Sinne einer ätiologischen Interpretation des Symbolnamens Kephas. Aber diese Interpretation ist nicht willkürlich und zufällig. Sie hat ein fundamentum in re. Und dieses fundamentum in re besteht in der gut bezeugten Überlieferung, daß nach dem Karfreitag Kephas derjenige gewesen ist, dem Jesus zuerst als Auferstandener erschien. Dies ist vor allem in dem berühmten Auferstehungskerygma 1 Kor 15, 3–5 belegt: „... und daß er dem Kephas erschien, danach den Zwölfen" (1 Kor 15,5; vgl. auch MK 16,7; Lk 24,34; auch Joh 20,1–10). Darin ist zuletzt die führende Stellung des Petrus in der Urgemeinde begründet, und von daher ist es auch sachlich berechtigt, zu sagen, daß sich auf dem Osterzeugnis des Petrus die Gemeinde oder Kirche Jesu aufbaut.

IV. Zusammenfassung und Schluß

Versuchen wir die bisher vorgetragenen Gedanken zu ordnen und daraus ein gewisses Fazit zu ziehen, dann werden wir wohl davon ausgehen müssen, daß Jesus in der Tat nicht aufgetreten ist mit der Absicht, die Kirche zu gründen, indem er eine neue Glaubensgemeinschaft neben dem israelitischen Glaubensvolk errichten wollte. Den von Qumran beschrittenen Weg einer separatistischen Gruppenbildung hat Jesus nicht eingeschlagen. Die Reichsbotschaft Jesu zielt zunächst, und etwas anderes wäre historisch auch völlig unwahrscheinlich und unrealistisch gewesen, auf die eschatologische Erfüllung Israels selber. Jesus wollte die Umkehr Israels als entschlossene Hinwendung zur eschatologischen Gottesherrschaft. Darin liegt, wie wir gesehen haben, ein virtueller Universalismus, der sich in der Lehre wie im Verhalten Jesu ausprägt. Als am meisten signifikantes Zeichen der Botschaft Jesu erschien uns das Mahl, zu dem alle, ganz besonders aber die Zöllner und Sünder, eingeladen sind. Tatsächlich sind aber bei Jesus jene Schranken gefallen, insbesondere die Reinheitsvorschriften und wahrscheinlich auch die Speisegesetze, ebenso die Torakasuistik, die es bis zu Jesus hin unmöglich machten, den universalen monotheistischen Gottesglauben der Bibel auf die gesamte Menschheit auszudehnen. Die Frömmigkeit, wie Jesus sie versteht und lehrt, enthält de facto diese Schranken nicht mehr, sie konnte auch von den Heiden guten Willens angenommen und praktiziert werden. Insofern hat Jesus sämtliche Voraussetzungen geschaffen, die zur Bildung der neuen Jesus-Gemeinde führen konnten. Das wichtigste Moment liegt ohne Zweifel in der Bildung des Jüngerkreises. Aber auch hier handelt es sich nicht um Kirchengründung, sondern darum, die engagierten Anwärter für die kommende *Basileîa* zu sammeln. Die Ablehnung der Jesus-Botschaft und der Jesus-Bewegung durch den Großteil des Judentums kommt als ein wichtiger negativer Faktor hinzu. Durch diese Ablehnung in erster Linie wurde die Jesus-Gruppe in die Situation gedrängt, sich als eine besondere „jüdische Sekte", nun auch im Sinne des „wahren Israel" konstituieren zu müssen. Wie die Dinge gelaufen wären, wenn das Judentum die Botschaft Jesu generell angenommen hätte, wissen wir nicht; dann wäre eben die ganze Geschichte anders gelaufen, doch ist es müßig, darüber zu spekulieren [18]. Die eschatologische *ekklesía toû Theoû* ist also nach diesen Ausführungen eine nachösterliche Größe. Ihre Voraussetzung liegt in der Ostererfahrung der Jünger, ohne die es jedenfalls nicht zur neuen Sammlung der Jesusjünger nach dem messianischen Karfreitagsdesaster gekommen wäre. Ohne die Voraussetzung

[18] Auf diesen Punkt hat vor allem *E. Peterson,* Die Kirche, hingewiesen und die These aufgestellt: „Kirche gibt es nur unter der Voraussetzung, daß die Juden als das von Gott erwählte Volk nicht an den Herrn gläubig geworden sind. Zum Begriff der Kirche gehört, daß sie wesentlich Heidenkirche ist", a. a. O. 411. – Dazu gehört freilich ergänzend *Petersons* Abhandlung „Die Kirche aus Juden und Heiden", a. a. O. 239–292.

des Osterglaubens ist nicht zu verstehen, wieso die Urgemeinde mit der Verkündigung des gekreuzigten Jesus von Nazareth als Messias vor die jüdische Öffentlichkeit hätte treten können. Hier wurde auch die Einsicht gewonnen, daß Person und Sache Jesu mit dem Kreuz nicht zu Ende waren, sondern daß beides nach Ostern noch einmal neu auf die Jünger zukam.

Geht man von den Evangelien aus und versucht, von dorther zu sagen, was unter Kirche zu verstehen sei, dann ist Kirche nichts anderes als die Jüngerschaft Jesu, deren Sinn und Aufgabe ganz wesentlich darin besteht, die Botschaft von Jesu Wirken und Lehre auszubreiten. Kirche ist dann ganz entschieden von Jesus her zu verstehen, sie hat keinen Selbstzweck, sondern was sie ist, ist sie durch ihre lebendige Beziehung zu Jesus und seiner Botschaft. Ihre Aufgabe ist die Vergegenwärtigung Jesu, seiner Lehren und Absichten in der Welt. Häufig wird die Frage, ob Jesus die Kirche gestiftet hat, so beantwortet, daß man von der selbstverständlichen Annahme ausgeht, Jesus hätte gar nichts anderes zu tun gehabt, als die Kirche zu stiften, sie mit allen Heilsmitteln und Vollmachten auszustatten und sie dann sich selbst oder der hierarchischen Autorität zu überlassen. Gemessen am Neuen Testament, ist eine derartige Vorstellung problematisch. Das Neue Testament geht vielmehr davon aus, daß Kirche in erster Linie mit der Präsenz Jesu, mit seiner Gegenwart und Vergegenwärtigung zu tun hat. Man kann dies schon dem Wiederholungsbefehl des Herrenmahls entnehmen: „Tut dieses zu meinem Gedächtnis" (1 Kor 11,24 f; Lk 22,19). Gedächtnis, memoria beziehungsweise *anámnesis* bedeutet hier nicht die fromme Erinnerung an den Religions- und Kultstifter, sondern die geisterfüllte Vergegenwärtigung seiner Person und seines Wirkens, die auf eine dynamische Anwesenheit in der jeweiligen Zeit und Gesellschaft hinzielt. Kirche als Gemeinde oder Versammlung Jesu hat ihren Sinn und ihre Aufgabe in der Vergegenwärtigung Jesu, daran hängt ihre eigene lebendige Aktualität. Solche Vergegenwärtigung läßt sich nicht auf das kultische Geschehen beschränken, sie wird immer auch auf das Leben der Menschen in der Gesellschaft einwirken, auch wenn eine derartige Wirkung statistisch kaum zu erfassen ist.

Damit ist keineswegs alles gesagt, was zum Thema „Kirche" zu sagen wäre; dies war auch nicht meine Aufgabe. Aber mir scheint, daß damit doch ein grundlegender Aspekt der Realität Kirche gewonnen ist, was ihre raison d'être angeht. Man kann Kirche schlechterdings nicht begreifen ohne diese ihre grundlegende Voraussetzung Jesus. Das bedeutet aber zugleich eine Rangfolge und eine Norm: alles andere, was Kirche als Institution ausmacht, ist demgegenüber relativ und sekundär. Es unterliegt dem bleibenden Kriterium, das durch Jesus und seine Wirksamkeit gesetzt ist. Die These: Jesus hat die Kirche gestiftet, besagt zu viel und zu wenig. Zu viel, indem sie historisch nicht verifizierbar ist; zu wenig, indem sie dem Faktor Kirche ein Gewicht verleiht, das die bleibende Rückkoppelung an Person und Wirken Jesu minimalisiert.

Wir sind damit unversehens, worauf ich schon am Anfang hinwies, von der historischen Betrachtung zu einer systematischen Überlegung übergegangen. Die Evangelien zeigen uns den historischen Jesus nicht so sehr als den Stifter der Kirche, sondern Kirche im Vollzug der Jüngerschaft Jesu. Das Thema Kirche kommt in den Evangelien auf eine sehr indirekte Weise zur Sprache. Man sollte dies in gar keiner Weise unterbewerten, als würde es sich um eine noch nicht ganz entwickelte und reflektierte Betrachtungsweise handeln, der gegenüber wir heute eine bessere hätten. Im Gegenteil, bei den Evangelisten könnte eine sehr viel sachgemäßere Einstellung zum Thema Kirche am Werk sein als bei einer expliziten Ekklesiologie, welche die Akzente allzu rasch auf deren institutionelle Momente legt. Gerade heute muß vor einer narzißtischen Beschäftigung der Kirche mit sich selbst dringend gewarnt werden, zumal eine solche Beschäftigung den Durchblick auf Jesus eher verstellt als freigibt. Kirche im Vollzug, in actu besteht nach den Evangelien gerade darin, daß man sich mit der Person und dem Werk Jesu befaßt, daß man die Lehre Jesu weiterträgt, entfaltet, daraus praktische Konsequenzen für die Gegenwart zieht, also darin, daß Vergegenwärtigung Jesu stattfindet. Die Kirche ist nicht mit der Gottesherrschaft identisch, aber sie hat Jesu Botschaft von der Gottesherrschaft übernommen, und das heißt weiter, den in dieser Botschaft virtuell enthaltenen universalen Heilsauftrag, jenen Universalismus, wie er im Horizont der Reichsbotschaft Jesu liegt und wie er in der nachösterlichen Urgemeinde sich zwar zögernd, aber völlig richtungs- und sachgemäß in der Heidenmission entfaltete. Diesen Universalismus kann eine Kirche, die sich auf das Evangelium Jesu beruft, niemals fallenlassen, mag er auch zuweilen als eine unbequeme Last erscheinen. Zur „reinen Gemeinde" im Sinne einer Sekte, in der die Sünder, Zöllner, unruhigen Elemente und so weiter keinen Platz mehr hätten, darf sich die Kirche, in der die Mahlgemeinschaft Jesu etwas gilt, nicht zurückentwickeln. Zu der Aussage, Kirche hat es mit der Vergegenwärtigung Jesu zu tun, gehört mit innerer Notwendigkeit die andere Aussage, Kirche hat es mit der Welt und mit der Menschheit zu tun, und zwar aus keinem anderen Grund, weil sie es mit Jesus zu tun hat. Dies ist die wahre crux ecclesiae, der sie nicht ausweichen kann und darf, auch nicht in eine selbstgefällige Askese. Wenn sie die damit verbundenen Leiden und Auseinandersetzungen nicht scheut, sondern sich willig auf die oft unbequemen neuen Probleme einläßt, wenn sie bereit ist, sich verwandeln, und das heißt, sich für weitere Perspektiven öffnen zu lassen, auch gegenüber Traditionen, die jahrhundertelang für unumstößlich galten, dann steht sie in der Kreuzesnachfolge ihres Herrn, in der die Dynamis des neuen österlichen Lebens gegenwärtig ist. Das Thema „der historische Jesus und die Kirche" kann wohl kaum anders schließen als mit dem Hinweis auf den gekreuzigten Jesus. Eine alte Auslegung von Joh 19,34 hat gelehrt, aus der Seite des gekreuzigten Jesus sei die Kirche entstanden. Das ist eine sehr tiefsinnige Auslegung, vor deren Wahrheit, hat man sie einmal erfaßt, jeder kirchliche Triumphalismus verstummt.

Ursprünglicher Erscheinungsort der Abhandlungen:

Der Christus des Glaubens und der historische Jesus: Der Mann aus Galiläa. In Bildern dargestellt von E. Lessing. Einführung von K. Kerényi, Verlag Herder, Freiburg i. Br. [2]1972, S. 201–242.

Was Jesus heute will: Theologische Quartalschrift (Erich Wewel Verlag, München u. Freiburg i. Br.) 151 (1971) S. 300–320.

Der historische Jesus und die Kirche: Wort und Wahrheit 26 (1971) S. 291–307.

Josef Blank
Verändert Interpretation den Glauben?

Josef Blank untersucht in diesem Band aus verschiedenen theologischen Perspektiven die brisante Frage, ob durch den Versuch, den Glauben im Hinblick auf das jeweilige Weltverständnis und die jeweilige Mentalität einer Generation zu interpretieren, dieser Glaube nicht verändert, oder gar verraten wird.

Die Themen:

Verändert Interpretation den Glauben?
Was bleibt vom Wort Gottes?
Das politische Element in der historisch-kritischen Methode
Die Praxis ist das Kriterium
Geht es mit der Bibel weiter?
Die biblischen Wunderberichte als Kerygma und als Glaubensgeschichten
Geschichte und Heilsgeschichte

176 Seiten, kart. lam., ISBN 3-451-16563-5

Herder Freiburg · Basel · Wien